Die jungen Taschenbücher im BASTEI-LÜBBE-Programm

- 57 500 Hast du schon gehört, was mit Andrea passiert ist?
- 57 501 Nur noch sechs Monate
- 57 502 Rosemary, das Mädchen, das immer schlanker werden wollte
- 57 503 Nacht ohne Sterne
- 57 504 Nichts wird mehr sein, wie's gestern war
- 57 505 Ich will doch tanzen, lieben, leben
- 57 506 Wenn ich morgen nicht mehr da bin
- 57 507 Das Mädchen im Rollstuhl
- 57 508 Der Tag, als Shawn sterben wollte ...
- 57 509 Komm zurück, Mr. Magic!
- 57 510 Führ mich in ein neues Leben
- 57 511 Sylvester
- 57 512 Der Junge, den Jenny nicht liebhaben durfte
- 57 513 Der Himmel ist zu weit entfernt
- 57 514 Der Tag, an dem Kate verschwand
- 57 515 Karin, fünfzehn, Ladendiebin
- 57 516 Wer denkt an uns, wenn ihr euch trennt?
- 18 200 Alles Liebe, Marylou
- 18 201 Wenn Träume zu früh sterben müssen
- 18 202 Mein Freund Bran
- 18 203 Ich bin ein Mädchen – na und?
- 18 204 Mädchenträume
- 18 205 Janie, seit zehn Jahren vermißt
- 18 206 Ein schlechter Deal
- 18 207 Abschied von Helen
- 18 208 Hast du schon gehört, was mit Andrea passiert ist?
- 18 209 Der Tag, als Stephan Jones ertrank
- 18 210 Tage des Wartens, der Angst und der Wut
- 18 211 Janie lebt
- 18 212 Der Junge, der mein Schatten war

LAEL LITTKE

IN LIEBE, MOM

ROMAN

Ins Deutsche übertragen
von Brigitta Booz

JUNGE SCHICKSALE

BASTEI-LÜBBE-TASCHENBUCH
Band 18 213

Erste Auflage:
April 1994

© Copyright 1990
by Leal Littke
All rights reserved
Published by arrangement
with Bantam Books
a division of Bantam Doubleday
Dell Publishing Group, Inc.
Deutsche Lizenzausgabe 1993
Bastei-Verlag
Gustav H. Lübbe GmbH & Co.,
Bergisch Gladbach
Originaltitel: Blue Skye
Lektorat: Beate Stefer
Titelillustration:
Allied Artists
Umschlaggestaltung:
Quadro Grafik, Bensberg
Satz: Fotosatz Steckstor,
Bensberg
Druck und Verarbeitung:
Brodard & Taupin,
La Flèche, Frankreich
Printed in France

ISBN 3-404-18213-8

Der Preis dieses Bandes
versteht sich einschließlich der
gesetzlichen Mehrwertsteuer.

1

Skye konnte es nicht leiden, wenn Reanna Geheimnisse hatte. Sie hatte ihr das gern gesagt, aber wie sagt man seiner eigenen Mutter, daß einem nicht gefällt, was sie tut? Reanna würde das nicht mögen. Sie sagte, eins würde sie sich nicht gefallen lassen, und das wären Frechheiten.

Also saß Skye neben ihr in dem alten Auto, ihre alte, zerfledderte Landkarte der westlichen Staaten Amerikas mit Kaugummi ans Armaturenbrett geklebt, und versuchte mitzuverfolgen, wohin ihre Reise ging.

Gleich morgens hatte sie danach gefragt, als sie mit all ihren Habseligkeiten im Laderaum des alten Kombis aufgebrochen waren. Aber Reanna hatte nur gegrinst und gesagt: »Rate doch.«

Skye konnte es nicht erraten. Daß sie all ihre Sachen mitnahmen, war kein besonderer Hinweis. Das taten sie oft, wann immer Reanna beschloß, daß es Zeit wurde, einen neuen Job in einer anderen Stadt anzunehmen. Sie hatten nicht viele Sachen. Reanna hielt nichts davon, mehr zu besitzen, als sie in dem Kombi transportieren konnten, einschließlich dem Zelt und der Campingausrüstung, die sie benutzten, wenn sie sich kein Zimmer leisten konnten.

Also fragte Skye nur: »Treffen wir Bill irgendwo?«

Bill war Reannas neuer Freund, den sie in Steamboat Springs kennengelernt hatte, wo sie fast ganze sechs Monate geblieben waren. Tags zuvor war Bill mit seinem verrosteten alten Motorrad davongebraust – wer weiß, wohin.

Reanna lächelte und antwortete: »Abwarten.«

Was das einzige war, was Skye übrigblieb. Sie wußte, daß Reanna ihre Geheimnisse als eine Art Spiel betrachtete. Dabei fühlte sich Skye mit ihren elf Jahren eigentlich schon ein bißchen zu alt für so was. Reanna hätte wissen sollen, daß Skye alt genug war, um zu erfahren, wohin es ging, selbst wenn es nur wieder irgendein schäbiges möbliertes Zimmer in irgendeiner Stadt mit einem interessanten Namen war. Reanna suchte sich immer Orte mit interessanten Namen aus.

Den ganzen Tag fuhren sie in Richtung Westen, durch Maybell und Elk Springs und Dinosaur in Colorado, dann weiter nach Utah, wo sie in Vernal haltmachten, um Hamburger zu essen. Erst als sie durch Salt Lake City kamen und auf der Interstate 15 weiter nördlich fuhren, kam Skye ein Verdacht, wohin die Reise ging.

Als sie die Interstate südlich von Brigham City verließen, war sie sich sicher.

»Wir fahren nach Idaho, nach Sheep Creek«, sagte sie. »Zu Grandpas Farm.«

»Volltreffer.« Reanna wandte den Blick lange genug von der Straße, um sie anzugrinsen.

»Aber wieso?«

Reanna zog die Augenbrauen hoch. »Was soll denn diese Frage? Hast du denn keine Lust, deinen Großvater zu besuchen?«

Skye seufzte. Es war gar nicht so, daß sie keine Lust dazu hatte. Grandpa war in Ordnung. Aber sie kannte ihn kaum. Sie konnte sich nur daran erinnern, daß Reanna zweimal mit ihr zu Grandpa gefahren war. Das eine Mal war gewesen, als sie sieben war, und das zweite Mal vor zwei Jahren, als sie beide zu Grandma Abbys Begräbnis nach Sheep Creek gefahren waren.

»Er ist doch nicht krank, oder?«

»Nein, ihm geht's gut.« Sie fuhren gerade durch eine Schlucht, wo die Straße schmal und nur zweispurig war, also sah Reanna sie nicht an. »Ich hätte dir erzählt, wenn etwas nicht in Ordnung gewesen wäre, Skye.«

Da war sich Skye nicht so sicher. Aber es in Frage zu stellen, wäre frech gewesen.

»Also ist es nur ein ganz normaler Besuch?«

Reanna grinste. »Mehr oder weniger.«

Reanna würde ihr nichts erzählen. Skye beugte sich vor und fuhr mit dem Finger auf der Karte die Straße nach Sheep Creek nach. Sie würde abwarten müssen, bis sie später erfuhr, weshalb sie unterwegs waren.

Während sie die gebirgige Strecke entlangfuhren, fielen Skye wieder jede Menge Erinnerungen ein, von denen sie gar nicht gewußt hatte, daß sie sie noch hatte. Zum Beispiel die Sonnenblumen, die entlang den Straßenrändern wuchsen. Oder daß durch jedes kleine Tal ein Bach floß, der in den größeren Fluß namens Sheep Creek mündete, wonach auch das Dorf in den Bergen benannt war, in dem Grandpa lebte. In jedem Tal verliefen Straßen neben den Bächen zu den Farmen, und das Knifflige war, herauszufinden, welche Straße sie zu Grandpas Haus führen würde. Reanna wußte es natürlich, aber Skye konnte sich nicht hundertprozentig erinnern.

Dafür erinnerte sie sich um so besser an die hübsche Kirche aus rotem Ziegelstein, die sehr dekorativ auf einer Anhöhe inmitten gepflegter Rasenflächen und Trauerweiden stand. Ein Trampelpfad dahinter führte den Hügel hinauf zu dem Friedhof, wo Grandma Abby begraben lag.

Sie erkannte auch das alte gelbe Schulgebäude auf einer anderen Anhöhe wieder. Seine kahlen Fenster blickten starr in das enge Tal hinab, als hielten sie nach Schulkindern Ausschau, die schon lange nicht mehr kamen. Reanna sagte, die Schule stünde schon seit fast fünfzig Jahren leer, seit das neue Schulgebäude entstanden war, aber sie stand immer noch, unerschütterlich und unverwüstlich. Genau wie Grandpas Haus. Er war darin geboren, und vor ihm sein Vater. Auch Skye war dort geboren, aber sie wußte, daß Reanna sie geschnappt und sich mit ihr davongemacht hatte, sobald es ihr möglich gewesen war. Das war nach Reannas Scheidung gewesen. Nachdem der Vater, den Skye nie gekannt hatte, irgendwohin verschwunden war.

Als sie die Farm erreichten, stand Grandpa schon unter den hohen Pappeln, die seine Wiese säumten, neben sich seinen alten Hund Tarzan. Sie standen genauso da wie an dem Tag, als Reanna und Skye nach Grandma Abbys Begräbnis weggefahren waren. Skye hatte das seltsame Gefühl, daß der alte Mann und der Hund die ganze Zeit über so dagestanden hatten, in Einsamkeit versteinert, und auf Reannas und ihre Rückkehr gewartet hatten.

Grandpa war groß und schmal, wie das weiße Haus, das hinter ihm aufragte. Er winkte ihnen zu, als sie in den Hof einfuhren. Tarzan wedelte zaghaft mit dem Schwanz, als wollte er sie erst einschätzen, bevor er sie mit seiner richtigen Begrüßung bedachte, wozu Gebell und Händeablecken gehörten.

»Hallo, Dad«, sagte Reanna, als sie aus dem Auto stiegen. Sie machte keine Anstalten, ihn zu berühren, was Skye nicht überraschte. Reanna mochte keine Umarmungen.

»Alles klar, Reanna?« erwiderte Grandpa. »Hallo, Sis.«

So nannte er Skye immer: Sis. Niemals Skye. Bei ihren vorangegangenen Besuchen hatte Skye sich gefragt, ob er etwas gegen ihren Namen hatte, aber inzwischen akzeptierte sie einfach, daß sie für ihn Sis war.

Er machte keine Bemerkung darüber, wie sehr sie gewachsen war, stellte nicht die Frage, in welche Klasse sie jetzt ging, was für Skye die einzigen Bemerkungen waren, die Erwachsenen normalerweise einfielen, wenn sie mit Kindern sprachen. Er stand einfach da, ein wenig gebeugt, als hätte er an einer schweren Last zu tragen, und sah sie mit Augen an, die so blau waren wie der Himmel über ihnen.

So blau wie ihre eigenen.

»Freut mich riesig, dich zu sehen, Sis«, sagte er.

»Ich freue mich auch, dich zu sehen, Grandpa.« Dann überraschte sie sich selbst, indem sie zu ihm ging und die Arme um seine Taille schlang. Er kam ihr so einsam vor, und sie wußte doch, daß sie nicht lange bei ihm bleiben würden. Reanna blieb nie lange an einem Ort.

Seine Hände, die sich knochig und hart anfühlten, strichen ihr etwas unbeholfen über den Rücken.

Jetzt brach Tarzan in freudiges Gebell aus, wedelte wild mit dem Schwanz, sprang um sie herum und beschlabberte sie mit Hundeküssen, wo immer er sie mit seiner Schnauze erwischen konnte.

»Skye«, rief Reanna, »komm und hilf mir beim Ausladen.«

Skye ließ ihren Großvater los und fragte sich, ob sie ihn vielleicht beschämt hatte mit ihrer Umarmung. Oder vielleicht auch sich selbst.

»Was laden wir denn alles aus?«

»Alles.« Ihre Stimme klang gedämpft, weil Reanna zwischen Kartons voller Kleidung und Geschirr im Laderaum abgetaucht war.

»Auch das Zelt und das ganze Zeug?«

»Das kann drinbleiben. Bring alles übrige ins Haus.«

Grandpa räusperte sich. »Esta ist gestern herübergekommen und hat die Betten frisch bezogen.«

Skye erinnerte sich, daß Esta eine von Grandpas drei Schwestern war. Zwei der Schwestern lebten gleich hier in Sheep Creek. Anders als Grandpa, dessen einziges Kind Reanna war, hatte jede seiner Schwestern mehrere Kinder, und diese Kinder wiederum hatten jede Menge eigene Kinder. Deshalb sprach Reanna auch immer nur von der ›Sippe‹, weil es so viele waren, und sagte, daß Skye mit ihnen allen verwandt war. Sie hatte versucht, ihr die Verwandschaftsgrade zu erklären, von Cousins und Cousinen ersten und zweiten Grades und all das. Aber für Skye war das ähnlich kompliziert gewesen wie diese verzwickten Matheaufgaben, die sie nie herausbekam.

Es war ihr sowieso gleich gewesen, wie sie mit wem verwandt war, weil sie nicht erwartet hatte, je einen von ihnen wiederzusehen.

Grandpa sprach immer noch mit Reanna. »Sweetie hat gestern abend eins ihrer selbstgebackenen Brote vorbeigebracht. Hat gefragt, wann du ankommst. Sie möchte dich gern sehen.«

»Skye und ich werden mal bei ihr vorbeischauen«, erwiderte Reanna.

Grandpa nickte. »Bestimmt möchte Skye Jermer kennenlernen.«

Das war was Neues. »Wer ist Jermer?« fragte Skye.

»Jermer Golightly«, antwortete Grandpa. »Ein Junge, der bei Sweetie wohnt. Er ist sieben.«

Sieben! Was für ein Interesse sollte sie daran haben, einen siebenjährigen Jungen kennenzulernen?

»Esta und Belva wollten heute abend kommen«, sagte Grandpa zu Reanna. »Sie wollen mit dir über die Hochzeit sprechen. Sind furchtbar aufgeregt, weil sie keine Zeit haben, alles richtig vorzubereiten.«

Reanna warf Skye einen schnellen Blick zu, dann zupfte sie Grandpa am Ärmel und zog ihn ein paar Schritte fort.

Aber es war zu spät. Skye hatte es schon gehört.

»Hochzeit?« fragte sie. »Was für eine Hochzeit?«

Reanna kam jetzt zu ihr und legte ihr einen Arm um die Schulter. »Skye liebt Geheimnisse. Sie hatte die ganze Fahrt hierher so viel Spaß dabei zu raten, weshalb wir herkommen.« Sie lächelte auf Skye hinab. »Bill und ich heiraten, Skye. Wie findest du das?«

Der Gedanke, daß Reanna und Bill heiraten könnten, war Skye schon gekommen, als sie noch in Steamboat Springs waren. Sie hatte nichts dagegen. Sie mochte Bill. »Finde ich in Ordnung«, antwortete sie. »Wann denn?«

»Genau heute in einer Woche. Nächsten Montag um fünf Uhr nachmittags.«

Das ließ Skye erst mal einsickern. »Aber wieso denn hier? Hättet ihr nicht genausogut in Steamboat Springs heiraten können?«

Reanna lachte. »Wegen der Familie, du Dummchen. Man will einen solchen Tag mit der Familie feiern.«

Für Familie war in Reannas Leben bisher nicht viel Platz gewesen. Skye war irgendwie unbehaglich zumute, ohne daß sie wußte, wieso.

»Hast du Sis das übrige denn auch noch nicht erzählt?« fragte Grandpa.

Reanna lachte wieder und wandte sich ab, um Grandpa einen Blick zuzuwerfen, den Skye nicht sehen konnte. Dann drehte sie sich wieder um und sagte: »Das übrige ist, daß du meine Brautjungfer wirst und daß wir die Hochzeit genau dort am Bach feiern, unter den Weiden.«

Skye sah in die Richtung, in die Reanna zeigte. Es war ein hübscher Platz für eine Hochzeit. Und der Gedanke, Brautjungfer zu sein, gefiel ihr.

Aber Grandpa biß die Zähne so fest zusammen, daß ein Muskel in seiner Wange zuckte, und das ließ Skye annehmen, daß sie doch noch nicht in alle von Reannas Geheimnissen eingeweiht worden war.

Sie erhielt keine weiteren Hinweise, was es nächste Woche sonst noch geben könnte, aber das machte ihr eigentlich kein Kopfzerbrechen. Dazu blieb ihr auch kaum Zeit. Sie nahm an den Hochzeitsvorbereitungen teil, was aufregend war, und machte Besuche bei den diversen Tanten, was alles andere als aufregend war. Wenn es noch mehr Geheimnisse gab, wußte sonst niemand darüber Bescheid, oder aber man hatte alle davor gewarnt, Skye etwas zu erzählen.

Es schien, als würden sie eine nette Woche verbringen, und dann würden sie und Reanna und Bill davonfahren — wohin wohl? War das vielleicht Reannas großes Geheimnis?

Von den restlichen Geheimnissen erfuhr sie erst am Tag der Hochzeit. Das war, als Bill seine Hochzeitsüberraschung mitbrachte und Skye losging, um Jermer Golightly davon zu erzählen.

2

Normalerweise wäre es vollkommen unter Skyes Würde gewesen, Jermer Golightly zu besuchen. Was hatte ein Mädchen wie sie, das in fünf Monaten zwölf wurde, schon mit so einem kleinen Jungen gemeinsam?

Aber irgend jemandem mußte sie von der Hochzeitsüberraschung erzählen, und Jermer war das einzige menschliche Wesen, das zu Fuß zu erreichen war und noch nicht Bescheid wußte. Es sei denn, man zählte Sweetie Farnsworth mit, die für Jermer sorgte. Sweetie zählte aber nicht. Sie war erwachsen und würde — wenn sie von der Überraschung hörte — wahrscheinlich genau wie Grandpa sagen, daß sie völliger Blödsinn war.

Skye nahm den Weg, der zur Scheune hinaufführte, dann bahnte sie sich vorsichtig ihren Weg über die Wiese, wo die Kälber weideten und wo man aufpassen mußte, daß man nicht auf eine Schlange trat, die sich dort gerade sonnte. Eine magere schwarzweiße Katze beobachtete sie von der obersten Querlatte eines Holzzauns aus. Oder vielleicht hoffte die Katze auch nur darauf, eine Schlange fangen zu können. Sie sah aus, als hätte sie schon lange nichts mehr zu fressen bekommen.

Skye lief an den dunklen Vogelbeersträuchern vorbei, wo die moosumwachsene Quelle war, und trat gerade auf die kleine Brücke, die über den Bach führte, als sie Jermer singen hörte.

Sie blieb stehen und lauschte. Man konnte Jermers Laune daran erkennen, wie er sang, so wie Grandpa die Windrichtung erkennen konnte, wenn er einen Finger naß machte und hochhielt.

Jermers Gesang war nicht das Schlimmste, was Skye

je gehört hatte, aber es war nah daran. Er übertönte die typischen Geräusche eines Augustnachmittags – Grillengezirp und Hühnergegacker und das Glucksen des Baches – in der Art des Schnarrens eines Weckers. »*Though deep'ning trials come your way* . . .« ertönte sein klagender Trauergesang.

Skye ließ die Schultern hängen. Jermer hielt schon wieder ein Begräbnis ab. Was war nur los mit dem kleinen Kerl? Sie und Reanna waren zweimal bei Sweetie zu Besuch gewesen, seit sie in Sheep Creek waren, und Skye wußte von drei weiteren Begräbnissen, die Jermer veranstaltet hatte. Das eine war für einen toten Vogel gewesen, aber bei den anderen hatte er eine leere Taschenlampenbatterie und eine durchlöcherte Socke begraben.

Bestimmt war Jermer wieder in einer seiner düsteren Stimmungen, aber selbst dann war er besser als niemand.

Was nützte einem eine Überraschung, wenn man niemand hatte, dem man davon erzählen konnte?

Skye überquerte die Brücke ganz, öffnete das Holztor und ging an Sweetie Farnsworth' altem grünen Auto vorbei, das einige der Pfefferminzpflanzen plattdrückte, die das Grundstück überwucherten. Man konnte gar nicht vermeiden, auf diese Pflanzen zu treten, und es roch wie ein ganzes Feld voller Doublemint-Kaugummis.

Jermer hockte auf seinem Friedhof, der sich in einer Ecke von Sweeties Gemüsegarten befand. Man sollte annehmen, ein Mensch, der Begräbnisse liebte, müsse grau und verfallen aussehen, aber so war Jermer nicht. Jermer war wie ein Pfirsich, rund und prall und rosig. Sein blondes Haar war ganz kurz geschnitten und erinnerte so sehr an den Flaum auf einem Pfirsich, daß man das Bedürfnis hatte, darüberzustreichen.

Er hockte dort in seiner verwaschenen blauen Latzhose im Dreck, neben sich seinen alten blauen Rucksack. Skye konnte sich nicht erinnern, ihn jemals ohne seinen Rucksack gesehen zu haben.

»Jermer«, rief sie. »Jermer, rate mal, was ich Neues habe!«

Jermer blickte nicht mal von dem winzigen Grab auf, das er gerade mit einem Teelöffel ausbuddelte. »Was denn?« murrte er uninteressiert.

Skye ließ sich neben dem Grab auf den Boden fallen, achtete aber darauf, nicht die ordentliche Reihe kleiner Grabsteine zu zerstören. »Du wirst niemals erraten, was Bill Reanna als Hochzeitsgeschenk mitgebracht hat.«

Jermers Stirn legte sich in Falten. »Wer ist denn Reanna?«

»Meine *Mutter*, Jermer. Das habe ich dir doch schon gesagt.«

Jermer blickte immer noch nicht hoch. »Wenn ich eine Mutter hätte, würde ich sie Mutter nennen.«

Skye unterdrückte einen Seufzer. Sie hatte ihm das mit Reanna längst erklärt, aber Sweetie hatte ihr erzählt, daß Jermers Mutter tot war, also versuchte sie, nicht allzu ungeduldig mit ihm zu sein. »Reanna möchte gern, daß ich sie mit ihrem Vornamen anrede, weil sie außer meiner Mutter auch noch meine beste Freundin ist. Sie ist nur achtzehn Jahre älter als ich.« Reanna sorgte immer dafür, daß alle Leute das wußten. »So, und jetzt überleg mal, was das für eine Überraschung sein könnte. Versuch mal zu raten, was Bill Reanna mitgebracht hat. Sie heiraten doch heute, weißt du noch?

Bill und Reanna.« Sie hielt es für besser, ihn daran zu erinnern, für den Fall, daß er auch das schon wieder vergessen hatte.

»Weiß ich. Sweetie hat gesagt, ich muß hingehen.« Jermer stieß den Teelöffel in das Grab und löffelte noch mehr Erde heraus. »Ich kann es nicht erraten«, meinte er dann. »Was ist es denn für eine Überraschung?«

Skye legte sich auf den Rücken, wobei sie etliche Pfefferminzpflanzen zerdrückte. Sie schloß die Augen und stellte sich die Überraschung vor. »Motorräder«, sagte sie leise. »Zwei genau gleiche schwarz-silberne Harley-Davidson. Das hat Bill ihr geschenkt. Ich meine, er hat ihr eins geschenkt, und das andere ist für ihn selber.«

Sie konnte hören, wie Jermer die Luft einzog. Er reagierte so, wie sie es erhofft hatte.

»Schwarz-silber?« flüsterte er. »Mit schwarzen Ledersitzen und kleinen Kästen hinten, wo man seine Sachen hineintun kann?«

Skye nickte, ohne die Augen zu öffnen. »Bills Freund hat sie in einem gemieteten Anhänger hergebracht, und Bill hat Reanna nicht gesagt, was drin war. Sie mußte sich hinter den Anhänger stellen, und er hat irgend so ein Gedicht aufgesagt von ›du und ich, mein Liebling, und die einsamen Straßen‹. Dann hat er den Anhänger aufgemacht.«

»Und?« fragte Jermer.

»Da standen sie, die genau gleichen schwarz-silbernen Harleys, Seite an Seite in dem Anhänger.«

Jermer stieß den Atem in einem langen Seufzer aus.

Skye öffnete die Augen, setzte sich wieder auf und schlang die Arme um die Knie. »Jermer, kannst du dir vorstellen, an einem Sommertag auf einer dieser Harleys zu fahren, den Wind in den Haaren? Den alten

Kombi brauchen Reanna und ich jetzt nicht mehr. Von jetzt an werden wir viel eleganter reisen. Reanna und Bill und ich.«

Jermer wischte sich die Hände am Latz seiner Hose ab. »Du nicht«, sagte er. »Dich werden sie nicht mitnehmen.«

Die Worte trafen auf Skyes Ohren wie das dumpfe Aufschlagen von Erdklumpen auf einen Sargdeckel. Sie hatte diese schwarz-silbernen Harleys betrachtet und überlegt, wo sie wohl mitfahren würde. Aber nicht ein einziges Mal hatte sie sich zu denken erlaubt, daß sie sie gar nicht mitnehmen würden. *Das* konnte doch nicht noch ein weiteres Geheimnis von Reanna sein.

»Ich werde hinter Reanna sitzen«, sagte sie jetzt lauter als nötig. »Hast du noch nie zwei Leute auf einem Motorrad fahren sehen, Jermer Golightly? Da ist jede Menge Platz für mich.« Das stimmte doch, oder? Sie hatte schon Motorräder mit zwei Leuten darauf gesehen. Schon viele Male.

Jermer schüttelte langsam den Kopf. »Sweetie hat es mir gesagt. Sie hat gesagt, wie schön es für mich sein wird, jemand in der Nähe zu haben, mit dem ich mich anfreunden kann.«

»Das hat sie bestimmt nicht gesagt.« Wie kam Sweetie nur auf die Idee, Jermer könnte für Skye ein passender Freund sein?

Ein kleines Kind wie Jermer. Bestimmt hatte er sich das nur ausgedacht.

»Das hat sie wohl gesagt«, beharrte Jermer. »Dein Grandpa war mit seinem Pferd hier und hat ihr erzählt, daß du ein ganzes Weilchen hierbleiben würdest.«

Das hörte sich tatsächlich nach Grandpa an.

Skye hielt sich die Ohren zu. Sie dachte nicht daran,

sich noch mehr Blödsinn anzuhören. Denn was anderes war das nicht. Purer Blödsinn.

»Du denkst dir das nur aus, Jermer. Reanna und ich waren noch nie auch nur für einen einzigen Tag getrennt, seit meiner Geburt nicht. Wir sind überall zusammen gewesen, Reanna und ich. Sie braucht mich.«

Vielleicht dachte Reanna ja daran, sich hier in Sheep Creek niederzulassen, jetzt wo sie Bill heiratete. Vielleicht würden sie alle zusammen hierbleiben.

Aber Skye wußte, daß Reanna dafür zu ruhelos war. Reanna brauchte ihre Freiheit, zu einem immer anderen Ort, der interessant klang, aufbrechen zu können und nach einem aufregenden Job zu suchen, für den es sich lohnte, seine Freiheit aufzugeben.

Aber ganz sicher würde Reanna nie, *nie im Leben*, ohne sie losziehen. Sie waren immer zusammen gewesen, waren immer in ihrem alten Kombi herumgereist.

Skye rappelte sich auf. »Komm doch zur Hochzeit, dann kannst du zusehen, wie wir nachher auf diesen schwarz-silbernen Harleys davonfahren, Jermer. Du wirst es schon sehen. Ich werde hinter Reanna sitzen. Komm und sieh es dir mit eigenen Augen an.«

Jermer zog aus der Tasche eine kleine Schachtel, in der früher mal diese ringförmigen Verstärker für gelochtes Papier gewesen waren. Dann nahm er ein totes Insekt, eine Bremse, das Skye noch gar nicht bemerkt hatte. Er legte es in die Schachtel, schloß den Deckel und legte den winzigen Sarg in das Loch, das er gegraben hatte. Er fing wieder an zu singen. »*Though deep'ning trials come your way . . .*«

»Was weißt du überhaupt, Jermer Golightly?« brüllte Skye. »Gar nichts weißt du. Überhaupt nichts.«

Mit klopfendem Herzen lief sie zurück, vorbei an dem alten Auto inmitten der Pfefferminzpflanzen und über die baufällige Brücke auf die steinige Weide. Diesmal achtete sie nicht mal auf Schlangen. Sollten sie doch selber auf sich achtgeben.

Als Skye beim Haus ihres Großvaters anlangte, kamen schon die ersten Hochzeitsgäste an. Frauen in geblümten Sommerkleidern stiegen aus staubigen Autos. Einige von ihnen waren Tanten − Tante Belva und Tante Esta und Tante Vernell, Grandpas drei ältere Schwestern. Tante Esta und Tante Belva wohnten ganz in der Nähe, und Tante Vernell lebte in Preston, der nächsten Stadt, in der es Geschäfte und eine Bücherei und Tankstellen gab.

Die meisten anderen waren Cousins und Cousinen − alles Angehörige der ›Sippe‹.

Die drei Tanten und einige der Cousinen, die in Reannas Alter waren, trugen Platten voller kaltem Braten und Schüsseln mit Kartoffelsalat, die sie auf die langen Tische stellten, die jemand von der Kirchengemeinde gebracht und unter den hohen Pappeln aufgestellt hatte.

Es waren nicht viele Männer da. Grandpa hatte Reanna schon darauf vorbereitet.

»Die Männer hier würden sich albern vorkommen, an einer Hochzeitsfeier auf einer dämlichen Viehweide teilzunehmen«, hatte er gesagt.

Reanna hatte mit den Schultern gezuckt. »Es ist meine Hochzeit«, hatte sie erwidert. »Und die feiere ich, wo es mir paßt, und wenn sie nicht kommen wollen, sollen sie eben zu Hause bleiben. Außerdem«, hatte sie hinzugefügt, »findet die Hochzeit nicht auf der Viehweide statt, sondern unten am Bach.«

Grandpa hatte gegrunzt. »Ich sehe da keinen großen Unterschied, wenn du mich fragst.«

Wegen der Männer hatte er aber recht behalten. Es kamen nur ein paar, darunter Tante Belvas Mann und die Ehemänner einiger der älteren Cousinen. Dann war da noch Bills Freund, der die Motorräder mit dem Anhänger hergeschafft hatte, und noch ein paar Männer, die Skye nicht kannte. Aber die meisten der Gäste waren Frauen in geblümten Kleidern, und zwar eine Menge von ihnen, mehr als nur die Tanten und die Cousinen in Reannas Alter. Wahrscheinlich waren es Nachbarinnen, die aus Neugier gekommen waren, vermutete Skye. Sicher wollten sie sehen, was für eine Verrücktheit Reanna diesmal eingefallen war, nach Sheep Creek zurückzukehren, um zu heiraten, und das auch noch an einem Montag. Wer hatte jemals von einer Hochzeit an einem Montag gehört?

Wie oft schon hatte Reanna Skye davon erzählt, wie entsetzt ihre Umgebung immer auf das reagiert hatte, was sie tat? Das sei einer der Gründe gewesen, hatte Reanna gesagt, weshalb sie überhaupt Sheep Creek und den ganzen Staat Idaho weit hinter sich gelassen hatte.

Es war absolut undenkbar, daß sie planen sollte, Skye hier allein zurückzulassen.

Aber jetzt war nicht die richtige Zeit, sie danach zu fragen. Reanna rannte gerade auf Grandpas großem Rasen herum und erteilte den Frauen Anweisungen, wohin sie all das Essen, das sie mitgebracht hatten, stellen sollten. Sie hatte schon das Kleid an, in dem sie heiraten würde, ein weißes Kleid mit weitem Rock, über und über mit leuchtend bunter Stickerei bedeckt. Sie und Skye hatten sich genau die gleichen Kleider vor zwei Jahren in Mexiko gekauft, lange bevor Reanna Bill kennengelernt hatte. Damals hatten sie sich noch gern gleich angezogen. Reanna sagte immer, daß sie wie zwei Schwestern aussähen.

Aber Skye war inzwischen aus ihrem Kleid herausgewachsen. Wenn sie heute Reannas Brautjungfer war, würde sie etwas tragen, was sie auf dem Dachboden gefunden hatte. Es war ein langes, lindgrünes Kleid, das Reanna zu ihrem Abschlußball an der High School getragen hatte. Grandma Abby – Reannas Mutter – hatte es vor ihrem Tod sorgfältig weggepackt. Es war immer noch hübsch, und obwohl es ihr noch reichlich groß war, hatte Skye beschlossen, es zu tragen. Die Farbe stand ihr gut zu ihrem braunen Haar, das Reannas so ähnlich war, nur das es noch stärker rötlich schimmerte. Reanna sagte, das hätte sie von ihrem Vater geerbt. Skye hatte ihn nie gesehen, nicht mal ein Foto von ihm. Reanna hielt nichts davon, alte Fotos aufzubewahren. »Wozu soll man seine Vergangenheit immer mit sich herumschleppen?« sagte sie immer. »Am besten läßt man alles hinter sich zurück.«

Über die Tische hinweg, die überladen waren mit kalten Braten, Salaten und Aufläufen, aber auch mit Kuchen und Plastikbehältern mit Wackelpudding, gab Reanna Skye ein Zeichen, daß sie sich umziehen gehen sollte. Also ging Skye in das hohe, schmale weiße Haus und stieg die Treppe hinauf zu dem sonnigen Zimmer mit der Blümchentapete, wo Reanna ihre Jugendjahre verbracht hatte. Dort lag das grüne Kleid, zusammen mit einem Kranz aus Sommerblumen, die Reanna im Garten gepflückt hatte. Sie würden beide Blumenkränze im Haar tragen, das Reanna ihnen beiden gleich morgens zu französischen Zöpfen geflochten hatte.

Während sich Skye umzog, sah sie aus dem Fenster nach unten, nur um Reanna und Bill im Auge zu behalten. Sie konnte sie nicht sehen, aber sie wußte, daß sie dort waren, irgendwo unter den hohen Pappeln. Der verbeulte alte Kombi war auch da. Reanna würde ihn hierlassen, nahm Skye an, wenn sie zu dritt — Reanna und Bill und sie selber — auf den blitzenden neuen Motorrädern davonbrausten. Skye würde das alte Auto vermissen, denn es war für sie eher ein Zuhause gewesen als irgendeines der möblierten Zimmer, die sie und Reanna bewohnt hatten.

Sie konnte den Kombi sogar fahren. Reanna hatte es ihr für den Notfall beigebracht.

Jenseits der hohen Bäume erstreckten sich die Felder über das Tal und halbwegs die mit Salbei bewachsenen Berge von Idaho hinauf.

Vom Fenster aus konnte Skye Sweetie und Jermer über die steinige Kälberweide herüberkommen sehen, um sich den Hochzeitsgästen anzuschließen. Und da war jetzt auch Bill, groß und breitschultrig schob er eine der schwarz-silbernen Hochzeits-Harley-Davidsons über den Rasen. Er stellte sie in der Nähe der Tische mit dem Essen ab, dann ging er zurück und holte die andere, auf der schon sein Zelt befestigt war. Das Zelt war zu klein für drei Leute. Skye verscheuchte diesen Gedanken ganz schnell aus ihrem Kopf und sah zu, wie Reanna sich neben Bill stellte. Sie lächelten sich an und streichelten jeder dabei den schwarzen Ledersitz einer Harley.

Zum erstenmal fühlte sich Skye ausgeschlossen. Abseits. Allein. Sie brauchten sie nicht.

War es möglich, daß Reanna sie vielleicht doch hier zurücklassen wollte? Sie schloß den letzten Knopf am

Vorderteil des grünen Kleids, zog ihre abgetragenen braunen Sandalen an und setzte sich schnell den Blumenkranz auf den Kopf. Es wurde Zeit, zur Hochzeit zu gehen.

3 Skye hielt den Rock hoch, während sie die Treppe hinunterlief. Das grüne Kleid war nicht nur zu weit, es war auch zu lang. Wenn Reanna von ihr verlangte, etwas anderes anzuziehen, würde sie es tun. Sie würde sich nicht dickköpfig deswegen anstellen. Sie beide hatten in letzter Zeit ein paar Meinungsverschiedenheiten gehabt, aber Reanna meinte, das sei nur die Pubertät, die Skye allmählich zu schaffen machte.

Aber das war doch sicherlich kein ausreichender Grund für Reanna, zu verschwinden und sie zurückzulassen, oder?

Grandpa stand auf der breiten Veranda vor dem Haus und sprach gerade mit einer seiner Schwestern, als Skye herunterkam. Oder vielmehr sprach die Schwester mit ihm. Skye war nicht sicher, welche Schwester es war. Sie meinte, es könnte die sein, die Esta hieß, die älteste Schwester, bei der sie und Reanna am Vortag zum Essen eingeladen gewesen waren. Aber es konnte auch Vernell sein oder sogar Belva. Die drei Schwestern von Grandpa sahen alle gleich aus, groß und unförmig und mit grauen Haaren, die mit Hilfe von Dauerwellen und Haarspray zu starren Locken frisiert waren.

Welche Schwester es auch war, sie schien ziemlich aufgebracht zu sein.

»Aber selbstverständlich wirst du es tun«, sagte sie. »Das kann doch gar keine Frage für dich sein, Orville. Es ist deine Pflicht.«

Jetzt wußte Skye, welche Schwester es war. Esta war die Herrische, und diese hier war auf jeden Fall herrisch. Grandpas Schultern sackten nach unten, und sein langes Gesicht wurde noch länger. »Ich weiß verflixt noch mal nicht, was ich tun soll. Ich weiß es einfach nicht.«

Die Art, wie er sich plötzlich straffte, sobald er sie sah, verriet Skye, daß die beiden über sie geredet hatten. Sie sollte also die Pflicht sein, von der Tante Esta so herumgetönt hatte?

»Seht mal, wer da kommt«, sagte Grandpa. »Siehst du aber hübsch aus, Sis.«

Skye hätte Grandpa gern gesagt, daß er seine Pflicht getrost vergessen konnte, weil sie nämlich unter gar keinen Umständen hierbleiben würde.

Aber sie hatte Angst, daß es ihr Unglück bringen könnte, wenn sie diese Worte laut aussprach. Reanna sagte immer, Dinge, die man aussprach, passierten eher als solche, die man einfach ignorierte.

Aber selbst wenn sie es gewollt hätte, wäre sie nicht zu Wort gekommen, weil Tante Estas Mundwerk immer noch arbeitete.

»Das Kleid ist dir zu groß«, sagte sie. Sie marschierte zu Skye herüber, zupfte hier am Ausschnitt und zerrte dort an der Taille. »Hast du nichts anderes, was du anziehen könntest, Skye? Etwas, was dir paßt?«

»Mir gefällt dieses Kleid«, sagte Skye. Es gefiel ihr auf einmal sogar sehr. So sehr, daß sie nicht mal Reanna fragen würde, ob sie meinte, das Kleid wäre in Ordnung für die Hochzeit. Sie würde es auf alle Fälle tragen.

Tante Esta war noch nicht fertig. »Sieh dir das nur an, Orville. Das Mädchen ist nur Haut und Knochen. Eine Schande ist das. Und im Kopf hat sie bestimmt auch nicht viel mehr als auf den Rippen. Sie ist ja nie länger als ein, zwei Monate in dieselbe Schule gegangen.«

Skye trat zurück. Entrüstung wallte in ihr auf. Sie würde Tante Esta schon noch Bescheid sagen. Ob wohl eins *ihrer* Enkel die Sternbilder unterscheiden konnte oder die verschiedenen Arten geologischer Formationen? Und ob sie wohl den botanischen Namen fast jeder Pflanze des Waldes kannten, so wie sie selber? Möglich, daß sie in Rechtschreibung keine Leuchte war und vielleicht auch nie eine Auszeichnung in Mathe kriegen würde. Aber all die anderen Dinge hatte sie von Leuten gelernt, die Reanna und sie bei ihrem Herumreisen kennengelernt hatten. Sie würde Tante Esta schon klarmachen, daß ihre Enkel wahrscheinlich kaum mehr wußten als die Namen ihrer Kühe, aber leider kam sie nicht dazu, weil Reanna gerade die Treppe heraufgesprungen kam, so daß ihr langer Zopf hinter ihr herschwang.

»Wir fangen jetzt besser an«, sagte sie mit einem Blick auf die dunklen Wolken, die sich über den Bergen zusammenballten. »Es sieht aus, als bekämen wir bald Regen. Dad, könntest du jetzt bitte Tarzan festmachen?«

Tante Esta stemmte die Hände in die Hüften. »Meine Güte, Orville, hast du dich noch nicht um den Köter gekümmert? Ein Wunder, daß er nicht schon alle Tische kahlgefressen hat!«

»Blablabla«, murmelte Grandpa. Aber er verließ eilig die Veranda, als wäre er froh, daß er jetzt was zu tun hatte.

»Skye«, sagte Reanna, »kommst du mal mit? Ich muß mit dir über was reden. Entschuldige uns bitte, Tante Esta.«

Sie streckte Skye die Hand entgegen. Nach einem giftigen Blick in Tante Estas Richtung nahm Skye die Hand und stellte überrascht fest, wie kalt sie war. Reanna war nervös.

Sie ging mit Skye um das Haus herum, wo die Fliederbüsche standen.

»Hübsch siehst du aus«, sagte sie, als sie stehenblieben.

»Wie hübsch?« fragte Skye. Das war ein altes Spiel zwischen ihnen, und Skye spielte es, um das, was Reanna ihr zu sagen hatte, noch etwas hinauszuzögern.

»So hübsch wie Brombeeren auf Pfannkuchen mit kleinen Sahnetupfern darauf.« Reanna hielt den Ausschnitt an dem lindgrünen Kleid etwas ein. »Vielleicht sollten wir es hier ein wenig abnähen.«

»Nicht nötig«, erwiderte Skye. »Ich halte einfach die Schultern etwas zurück.«

Reanna räusperte sich. »Skye, ich will dir mal erzählen, was für eine großartige Idee Bill hat. Weißt du noch, wie wir ihm von all den tollen Orten erzählt haben, in denen wir schon waren und die so komische Namen haben? Zum Beispiel Wagontire in Oregon und Cripple Creek in Colorado oder Twentynine Palms in Kalifornien? Also, Bill will ein Buch darüber schreiben, wie solche Orte zu ihren Namen gekommen sind und was für interessante Dinge sich dort jeweils zugetragen haben. Wir werden also zu allen möglichen Orten fahren, um Nachforschungen anzustellen.«

Skye sagte nichts.

»Wir werden mit den Motorrädern unterwegs sein«,

fuhr Reanna fort. »Wir werden der Sonne in Richtung Süden nachreisen und den Winter dort verbringen.«

Sie hielt inne.

»Ist es das, worüber du mit mir reden wolltest?« fragte Skye.

Reanna spielte nervös mit dem hübschen blauen Ring, den Bill ihr geschenkt hatte, als sie beschlossen hatten zu heiraten. »Mehr oder weniger. Sieh mal, wir werden ständig unterwegs sein.«

»Das wird mir Spaß machen«, sagte Skye.

Reanna holte tief Luft. »Skye, weißt du noch, wie wir darüber gesprochen haben, daß es gut wäre, wenn du mal für längere Zeit an einer Schule bleiben würdest? Das ist aber nicht möglich, wenn du weiterhin so mit mir herumreist wie bisher. Was würdest du davon halten, hier bei Grandpa zu bleiben? Nur für ein Weilchen. Nicht für immer. So könntest du wenigstens mal länger als nur für ein paar Monate in derselben Schule bleiben.«

Sie sprach schnell, als wollte sie möglichst alle ihre Argumente vorbringen, bevor Skye Einwände erheben konnte.

»Ich bleibe nicht hier«, sagte Skye kurz und bündig. Es sah Reanna ähnlich, ein solches Geheimnis bis ganz zum Schluß aufzubewahren.

»Deine Tanten machen sich Sorgen wegen deiner Schulbildung«, fuhr Reanna fort, als hätte sie Skye gar nicht gehört. »Du kommst dieses Jahr in die sechste Klasse und solltest mal eine Zeitlang an einem Ort bleiben. Und Freunde gewinnen solltest du auch endlich mal. Du könntest dich mit all deinen Cousins und Cousinen anfreunden. Mit der ganzen Sippe.« Reanna lächelte über ihren alten Witz.

»Igitt«, erwiderte Skye.

»Skye, du hattest bis jetzt noch nie die Möglichkeit, dich als Teil einer Familie zu fühlen. Verurteile nicht etwas, bevor du es probiert hast.«

»Die Cousinen mögen mich nicht. Ich bleibe nicht hier.«

»Was meinst du damit, daß dich die Cousinen nicht mögen?« Reanna ging erst gar nicht auf wichtigen Teil von dem ein, was Skye gesagt hatte.

»Weißt du noch, gestern abend bei Tante Esta? Sie können mich nicht leiden.«

Sie wußte auch weswegen.

Sie hatte sich so fremd und unbehaglich gefühlt zwischen all den Verwandten, die sich bei Tante Esta versammelt hatten. Reanna hatte ihr erklärt, wer sie alle waren — die grauhaarigen Tanten mit ihren kahlköpfigen Männern, deren Kinder, die Reannas Cousins und Cousinen und alle verheiratet waren, und wiederum deren Kinder. Das war die Gruppe, in die Skye hineinpassen sollte, aber sie war so umfangreich, daß Skye unmöglich den Überblick behalten konnte. Jede Altersgruppe war vertreten, von Teenagern bis zu kleinen Babys, die so viel herumgereicht wurden, daß nur ein Genie herausfinden konnte, zu wem sie nun gehörten.

Zwei der Mädchen, Denise und Lee Esther, würden wie Skye in die sechste Klasse kommen, und Tante Esta war wild entschlossen, die drei zu den allerbesten Freundinnen zu machen.

»Ihr seid Cousinen«, sagte sie. »Ihr habt alle dasselbe Blut. Ihr werdet euch ganz prima verstehen.«

Sie alle waren miteinander verwandt, diese Leute, alle Teil derselben Familie.

»Stell sie dir vor wie eine Schichttorte«, hatte Reanna

gesagt. »Dein Grandpa und die Tanten sind die eine Schicht, alle meine Cousins und Cousinen und ich selbst sind die zweite Schicht, und deren Kinder sind die dritte Schicht, und dazu gehörst auch du.«

Aber Skye war immer noch verwirrt gewesen und hatte stumm wie ein Fisch bei Tante Esta herumgesessen und keine Ahnung gehabt, was sie hatte sagen sollen. Ihr Cousin Cody, ein großer Junge, der offenbar Denise' Bruder war, war sehr nett gewesen und hatte versucht, es ihr leichter zu machen. »Erzähl uns doch mal was von dir, Skye«, hatte er sie aufgefordert. »Was tust du gern?«

Skye hatte bemerkt, daß auch ein paar andere der Cousins und Cousinen zugehört hatten. Was konnte sie schon sagen, das sie gern hören würden?

»Ich fahre gern herum und sehe mir Dinge an«, hatte sie geantwortet.

Cody hatte genickt, als könnte er gut verstehen, daß sie das gern tat. »Erzähl uns doch mehr darüber.«

Skye erzählte gern von den Orten, wo sie und Reanna gewesen waren. Es waren so viele Orte gewesen, und sie waren immer so lange geblieben, bis Reanna wieder den Drang bekam, frei zu sein. Reanna sagte immer, das wichtigste im Leben wäre, frei zu sein.

»Wußtest du, daß es in Wyoming einen Ort mit dem Namen Ten Sleep gibt?« hatte Skye gefragt. »Und eine Stadt in New Mexico, die Truth or Consequences heißt?«

»Du willst mich auf den Arm nehmen!« hatte Cody gesagt.

»Nein, die Stadt heißt wirklich so.« Sie hatte sich ermutigt gefühlt. »Und ich war in Tombstone in Arizona und Zigzag in Oregon. Dann gibt's da noch Dingle in Idaho, Browse in Utah und Hungry Horse in Montana.«

»Warst du denn auch schon in Disneyland in Kalifornien?« hatte Lee Esther gefragt.

»O ja«, hatte Skye begonnen, aber dann hatte sie gesehen, wie gehässig Lee Esther gelächelt hatte. Denise hatte hinterhältig gegrinst und Lee Esther was ins Ohr geflüstert. Dann hatten sie beide Skye angesehen und gekichert.

Da war Skye klargeworden, daß sie bestimmt meinten, sie wollte angeben, und sie deshalb nicht leiden konnten.

Aber wie sollte sie das alles Reanna jetzt erklären, kurz bevor die Hochzeitsfeier anfing?

Das Problem stellte sich erst gar nicht, denn in dem Moment kam Bill um die Ecke.

»Da bist du ja, Reanna«, meinte er. »Ich habe mich schon gefragt, was aus dir geworden ist. Hallo, Blue Skye.«

So nannte er sie immer, wegen ihrer blauen Augen. Er hatte ihr ein Lied vorgesungen, damals, als Reanna sie in Steamboat Springs miteinander bekannt gemacht hatte. »*Blue Skye, smiling at me*«, hatte er gesungen und dabei so getan, als spielte er auf einer Gitarre. Er hatte ihr erzählt, daß das ein alter Song wäre.

»Hallo«, antwortete Skye jetzt, dankbar, daß er der unerfreulichen Unterhaltung ein Ende gemacht hatte.

Bill trug über einer dunklen Hose ein weißes Hemd. Das Hemd hatte vier Taschen und war vorn mit weißer Stickerei bedeckt. Reanna hatte es für die Hochzeit aus Mexiko besorgt.

Eine der Tanten hatte sich darüber aufgeregt, daß ihm das Hemd über die Hose hing, aber Reanna hatte ihr erklärt, daß es so getragen wurde. »Es ist ein mexikanisches Hochzeitshemd«, hatte sie gesagt.

Skye fand, daß er nett aussah.

»Die Flötenspielerinnen sind da«, sagte Bill.

Reanna nickte. »Dann laß uns anfangen, bevor es regnet. Skye, denk mal darüber nach, was ich dir gesagt habe. Es wird dir hier gefallen.«

»Dir hat es hier nicht gefallen«, erinnerte Skye sie. »Du hast gesagt, du bist dir hier auf Grandpas Farm wie im Gefängnis vorgekommen, so weitab vom Schuß. Du hast gesagt, dir hat nicht gefallen, wie sich die Tanten immer in deine Angelegenheiten eingemischt haben. Ich weiß es noch ganz genau.«

Reanna seufzte. »Gehst du jetzt bitte Grandpa und den Tanten Bescheid sagen, daß sie sich für die Prozession bereit machen sollen?«

»Ja. Aber ich werde nicht hierbleiben.« Skye raffte ihren langen Rock, um loszugehen, blieb aber stehen, als sie Bill flüstern hörte: »Ich nehme an, du hast es ihr gesagt.«

Plötzlich wurde ihr einiges klar. Bill steckte also hinter dem Plan, sie hier zurückzulassen. Sie hätte es sich gleich denken können, als er mit den zwei Harleys ankam. Ihm ging es um zwei Leute, nicht um drei. Er wollte nicht, daß sie mit dabei war. Er wollte Reanna ganz für sich allein haben.

Sollten sie doch versuchen, ohne sie abzuhauen. Sollten sie es doch nur versuchen.

4 Hätte Skye nicht gewußt, daß Reanna und Bill wirklich versuchen wollten, sie hier zurückzulassen, hätte ihr die Hochzeit richtig gut gefallen. Sie begann mit einer Prozession, die von zwei Flöte spielenden Mädchen angeführt wurde. Auf dem Kopf trugen sie Blumenkränze, die denen von Reanna und Skye ähnlich waren. Als nächstes kamen Reanna und Bill, gefolgt von Bills Freund, der die Motorräder gebracht hatte, und danach Skye und Grandpa, der nach Rasierwasser und Frisiercreme roch. Er ging ganz steif, so als mißbillige er das Ganze, was er, wie Skye wußte, auch tat.

Dann waren da die ganzen Tanten, Onkel, Cousins und Cousinen, die ganze Sippe eben. Denise hatte ein cremefarbenes Kleid an, das ihr schwarzes Haar noch dunkler erscheinen ließ, und Lee Esther trug ein blaues Kleid, das kaum half, ihr Haar weniger glanzlos braun und ihre Haut weniger sonnenverbrannt aussehen zu lassen. Beide hatten sich die Haare mit so viel Haarspray angesprüht, daß sie ihnen wie Draht von dem Kopf abstanden. Beide trugen Nylonstrümpfe und weiße Schuhe mit kleinen Absätzen.

Bei ihrem Anblick kam sich Skye in dem schlabberigen langen grünen Kleid und den ausgelatschten alten Sandalen richtig schäbig vor.

Aber Cody, ihr großer Cousin, der schon bei Tante Esta so nett zu ihr gewesen war, zwinkerte ihr zu, und sie fühlte sich gleich wieder besser. Cody hatte noch einen Jungen bei sich, der jünger war, etwa in Skyes Alter, und rote Haare und Sommersprossen hatte. Er sah Skye an und wurde rot.

Sie nahm an, das er eins der Nachbarskinder war.

Die übrigen Hochzeitsgäste gingen hinter den Verwandten her. Jermer Golightly und Sweetie Farnsworth waren irgendwo unter ihnen. Jermer trug einen knapp sitzenden blauen Anzug mit zu kurzen Ärmeln. Sweetie trug etwas Kardinalrotes, Wallendes, das ganz anders war als die farblosen, geblümten Kleider der Tanten. Ihr Haar, das eine Mischung aus Blond und Grau war, war zu einem losen Knoten am Hinterkopf aufgesteckt. Sie wirkte viel jünger als die Tanten.

Sie alle schritten über Grandpas großen Rasen und den langen schattigen Weg hinunter, der zum Bach führte. Die Flötenspielerinnen spielten eine leichte, fröhliche Melodie, die einem richtig Lust zu tanzen machte. Nur daß sich Skye zu niedergeschlagen zum Tanzen fühlte. Niedergeschlagen von dem Wissen, daß Bill sie nicht mit dabei haben wollte. Es fing jetzt an, weh zu tun, wie wenn man sich mit dem Hammer auf den Finger haut und nicht sofort Schmerzen spürt. Dann, wenn man schon denkt: »Na ja, so schlimm war es ja nicht«, schlägt der Schmerz auf einmal zu und bringt einen zum Schreien.

Bill wollte sie nicht, und Reanna war bereit, sich einfach von ihr zu trennen wie von diesen alten Fotos aus ihrer Vergangenheit.

Das würde Skye sich nicht gefallen lassen. Sie würde es allen noch zeigen. Damit würde sie sie nicht davonkommen lassen. Sie hatte selbst ein Geheimnis.

Sie trottete dahin und zog den Ausschnitt ihres Kleids zurecht, während sie wütend darüber nachdachte, wie sie ihrem Ärger Luft machen würde, wenn sie zu dem Teil der Trauungszeremonie kamen, wo es hieß: ». . . der möge jetzt reden oder für immer schweigen.« Sie hatte genug Trauungen in den Fernsehfilmen gesehen, die sie und Reanna immer anschauten. Sie würde abwarten, bis gefragt wurde, ob jemand Einwände gegen diese Heirat hätte. Dann konnten sie wirklich was erleben.

Sie bemerkte kaum, daß Sweetie Farnsworth sie eingeholt hatte.

»Dein Ausschnitt wird dir noch bis zum Nabel runterrutschen, wenn du nicht aufpaßt«, flüsterte Sweetie. Geschickt zog sie den Ausschnitt vorn zusammen und befestigte ihn mit der altmodischen Brosche, die sie an ihrem eigenen Kleid getragen hatte. »So, jetzt siehst du wie eine Brautjungfer aus«, sagte sie leise, bevor sie sich wieder weiter hinten zu Jermer gesellte.

Die Trauungszeremonie war nicht lang. Sie fand unter einer Trauerweide am Bach statt. Mehrere Kühe und ein paar Pferde hinter einem Zaun auf der anderen Seite des Baches sahen zu. Die magere schwarzweiße Katze war auch da; sie döste auf dem Stamm eines umgefallenen Baumes, von wo aus sie einen guten Überblick über alles hatte.

Vom Haus her konnten sie Tarzan bellen hören. Er war gar nicht damit einverstanden, daß er nicht mit dabei sein durfte.

Reanna und Bill standen unter der Weide beieinander, neben sich auf der einen Seite Bills Freund und Skye auf der anderen Seite. Sie sagten beide ein paar Verse auf und tauschten Ringe, während Skye Reannas Brautstrauß hielt. Dann unterschrieben sie ein paar Papiere, die ein amtlich aussehender Mann mitgebracht hatte. Das war alles. Sie waren verheiratet. Keiner hatte mit einer einzigen Silbe das mit dem ›jetzt sprechen oder für immer schweigen‹ erwähnt.

Verstört folgte Skye den Frischverheirateten zurück über den Rasen, wo die ganze Sippe und die übrigen

Gäste über die mit Essen beladenen Tische herfielen wie die Elstern, die immer in Grandpas Misthaufen neben der Scheune herumpickten.

Ihr Cousin Cody hatte ein paar Pappstücke und einen dicken Filzschreiber mitgebracht.

»Komm, Skye, wir machen ein paar Schilder, auf denen ›frisch verheiratet‹ steht«, sagte er und gab ihr den Filzschreiber. »Dann machen wir sie an den Motorrädern fest.«

Skye hatte keine große Lust, Schilder zu machen, aber sie nahm das Pappstück, das Cody ihr hinhielt, und fing an, es mit Druckbuchstaben zu beschriften.

Denise und Lee Esther und ein paar jüngere Cousinen sahen zu.

Das machte Skye nervös. Ihre Hand zitterte.

Sie hatte gerade ein Schild fertig, als Denise Lee Esther anstieß und laut hörbar flüsterte: »Vielleicht gibt's keinen Unterricht in Rechtschreibung in Ten Sleep oder Tombstone oder in den anderen tollen Orten, wo sie gewesen ist.«

Lee Esther warf ihr glanzlos braunes, steifes Haar zurück und lächelte. »Denise ist hier im ganzen Umkreis die Beste in Rechtschreibung«, sagte sie, als ob das was Besonderes wäre.

Skye sah sich ihr Schild an und stellte fest, daß sie ›fisch verheiratet‹ geschrieben hatte. Wie hatte ihr so was Dämliches vor ihren Cousinen passieren können?

»Das kannst du leicht verbessern«, meinte Cody.

Aber Skye gab ihm den Filzschreiber. »Mach du das.« Sie konnte sich jetzt nicht auf diese albernen Schilder konzentrieren. Reanna und Bill würden bald aufbrechen.

Sie lief eilig nach oben, wo sie das grüne Kleid und

den Blumenkranz ablegte und ihre Jeans und das alte rotkarierte Hemd anzog. Das hatte sie immer an, wenn sie unterwegs waren. Sie setzte sich wieder den Blumenkranz auf. Das würde Reanna an all die Jahre erinnern, die sie zusammen gereist waren, und an die vielen Male, die sie angehalten hatten, um Blumen zu pflücken und zu Kränzen zu flechten.

Nachdem sie ihre wenigen Habseligkeiten in ihrem Seesack verstaut hatte, machte sie sich auf den Weg nach unten. Sie war die Treppe noch nicht halb hinuntergestiegen, als sie die Motoren der schwarz-silbernen Harleys aufröhren hörte.

»Skye«, hörte sie Reanna rufen, »Skye, komm dich verabschieden.«

Skye polterte die restlichen Stufen hinunter. »Ich komme schon, Reanna«, schrie sie. »Warte auf mich.«

Die Motorräder rollten schon an, als Skye im Hof ankam.

»Wartet!« schrie sie. »Ich komme mit!«

»Komm und laß dich in den Arm nehmen«, sagte Reanna und streckte ihr die Arme entgegen. Skye fiel ihr um den Hals. »Hey, Kleines«, flüsterte Reanna ihr ins Ohr. »Ich hab' dich sehr lieb.«

»Wie lieb denn?« Das war auch eins ihrer alten Spiele. Eigentlich ein Babyspiel, aber Skye wollte Reannas Erinnerung an alles, was sie miteinander erlebt hatten, ein wenig auf die Sprünge helfen.

Reanna lachte leise.

»Von hier bis Tincup, Colorado. Ich weiß, es ist schwer, mein Liebes. Wir waren noch nie voneinander getrennt.« Reanna versuchte, sich aus Skyes Griff zu befreien. Reanna hatte nie sehr viel von Schmusereien gehalten.

Aber Skye klammerte sich weiter an ihr fest, in einem Arm immer noch ihren Seesack. »Nimm mich mit. Ich kann nicht hierbleiben.«

»Doch, das kannst du. Und jetzt lächle, Skye, und sag mir, daß du dich für mich freust.« Reanna schaffte es, sich aus Skyes Umklammerung zu befreien. Einen Moment lang sah sie ihr in die Augen, und Skye dachte schon, sie würde nachgeben und sagen: »Ach, was soll's. Spring schon auf.«

Aber sie sagte nur: »Auf Wiedersehen, Skye. Wiedersehen, mein liebes Töchterchen.«

Jetzt mußte Skye eigentlich sagen: »Auf Wiedersehen, liebe Mutter.«

Das würde sie jetzt aber nicht sagen. Das galt nur, wenn Reanna zur Arbeit ging und am Abend wieder zurück sein würde.

»Wiedersehen, Skye«, sagte auch Bill.

Die Motorräder rollten wieder an.

Skye ließ den Seesack fallen und lief ihnen hinterher. »Ich bleib nicht hier, ich bleib nicht hier!« heulte sie. Sie bekam sogar ein Bein über Reannas Motorrad, aber Bill beugte sich hinüber und hob sie sanft wieder hinunter.

»Tut mir leid, Blue Skye«, sagte er mit seinem breiten, fröhlichen Grinsen, das sie immer so an ihm gemocht hatte. »Kinder haben auf der Hochzeitsreise nichts verloren.« Er langte hinter sich und zog eine nagelneue Straßenkarte der westlichen Staaten aus einer der Packtaschen. »Hier, du kannst uns auf dieser Karte folgen. Wir lassen dich wissen, wohin wir fahren.«

Er drückte Skye die Karte in die Hand und umarmte sie dann.

Sie riß sich los. Sie wollte nicht von ihm in den Arm genommen werden, und seine blöde Karte wollte sie auch nicht. Sie nahm sie und warf sie ihm vor die Füße. »Ich hab' schon eine Karte!« schrie sie.

»Skye, hör zu«, sagte Reanna, ohne ihr Motorrad anzuhalten. »Freunde dich mit deinen Cousinen und den anderen an, dann wirst du kaum merken, daß wir fort sind. Wir sind bald wieder zurück.«

»Wie bald?« wollte Skye wissen. »Bald« war bei Reanna ein dehnbarer Begriff, der jeden erdenklichen Zeitraum bedeuten konnte, ganz wie es ihr gerade paßte. »In drei Tagen? Vier?«

»Bald«, wiederholte Reanna. »Wir melden uns. Laß es dir gutgehen, Skye.«

Dann waren sie in Staubwolken verschwunden.

»In vier Tagen!« schrie Skye ihnen hinterher. »Seid in vier Tagen zurück!« Sie riß sich den Blumenkranz vom Kopf und, schluchzend vor Verzweiflung, schleuderte ihn ihnen hinterher.

Sie schluchzte immer noch, als das Motorengeräusch der Harleys schon verklungen war. Ansonsten herrschte um sie herum Stille. Selbst Tarzan hatte zu bellen aufgehört. Von der Stelle aus, wo er angekettet war, beobachtete er sie.

Alle anderen auch. Eine der zahlreichen Cousinen kicherte albern.

Skye drehte sich nicht um.

Jermer löste sich aus der Menge und kam zu ihr, um ihre Hand zu nehmen. Er führte sie zu der Stelle, wo der welkende, staubbedeckte Blumenkranz lag.

Er hob ihn auf. »Komm, wir begraben ihn«, sagte er.

Ohne die versammelte Sippschaft eines Blickes zu würdigen, folgte sie ihm hinauf über die Kälberweide, vorbei an den Vogelbeersträuchern, wo sich die Quelle befand, und durch das Holztor zu seinem Friedhof.

Jermer holte eine Schaufel und grub ein Grab. Skye ließ den verwelkten Blumenkranz hineinfallen. Beide schaufelten die Erde darüber, um ihn zu bedecken.

Sweetie kam gerade rechtzeitig angelaufen, um den Arm um sie zu legen und in ihren Trauergesang einzustimmen. »*Though deep'ning trials come your way . . .*«

Der Pfefferminzgeruch, der zwischen ihnen aufstieg, reichte aus, um einem die Augen tränen zu lassen.

5

Skye war fest entschlossen, die ganze Nacht zu heulen. Sie gab sich auch alle Mühe, als sie in dem kleinen Zimmer mit den Dachschrägen lag, aber nach ein paar trockenen Schluchzern gab sie es auf. Sie war eben keine Heulsuse. Bloß weil sie geheult hatte, als Reanna und Bill wegfuhren, war sie noch lange kein Tränentier. Sie hatte allen Grund gehabt zu weinen. Selbst Denise, die Meisterin in Rechtschreibung, hätte geheult, wenn sie von ihrer Mutter einfach zurückgelassen worden wäre.

Sie starrte in die Dunkelheit und tröstete sich mit dem Gedanken, daß Reanna und Bill schon in drei oder vier Tagen zurück sein würden. Aber sie selbst war diejenige gewesen, die gesagt hatte, daß sie dann zurück sein würden. Nicht Reanna. Sie glaubte nicht, daß Reanna ein so großes Geheimnis darum gemacht hätte, wenn es nur um drei oder vier Tage gegangen wäre.

Wenn sie nun einen ganzen Monat fortblieben?

Skye stöhnte. Am besten wäre es, wenn sie sich eine Möglichkeit ausdachte, wie sie die beiden einholen konnte. Bestimmt fuhren sie heute nicht weit, vor allem, weil es gerade zu regnen anfing.

Sie und Reanna waren an dem Tag, als sie in Sheep Creek angekommen waren, an einer schönen Stelle zum Zelten vorbeigekommen. Sie lag nur wenige Meilen entfernt an der Straße nach Preston. Bestimmt zelteten Reanna und Bill dort, zumindest diese Nacht.

Wenn es ihr gelang, sie zu finden, und sie einfach bei ihrem Zelt auftauchte, würden sie sie bestimmt nicht fortschicken. Oder etwa doch?

Als sie sich vorstellte, wie man sie aus dem Zelt hinaus in die Dunkelheit stoßen würde, hätte sie tatsächlich fast zu heulen angefangen. Sie dachte an die Monster mit den Reißzähnen, von denen Reanna ihr immer erzählt hatte, als sie noch klein war. Das waren Wesen, die die Dunkelheit hinter dem Lagerfeuer bevölkerten, jederzeit bereit, dumme Kinder, die sich zu weit aus ihrer sicheren Umgebung vorwagten, zu verschlingen. Sie wußte nicht genau, wie die Monster mit den Reißzähnen eigentlich aussahen, aber Reanna hatte gesagt, sie warteten dort draußen, die Mäuler mit den schrecklichen Reißzähnen schon aufgerissen.

Sie stellte sich vor, wie Reanna und Bill sie aus dem Zelt warfen, während draußen schon die Monster warteten, die Augen leuchtend wie die Sterne, und ihr Atem strich durch die Lüfte wie der Nachtwind durch die Bäume.

Mehr als einen lauten Schluchzer brachte sie nicht zustande. Sie versuchte, wach zu bleiben und sich zu überlegen, wie sie Reanna folgen konnte. An Bill wollte sie erst gar nicht denken. Den würde sie einfach ignorieren.

Aber das Bett war fest und bequem, ganz anders als die weichen, durchhängenden Liegen in den möblierten Zimmern, in denen sie und Reanna immer gewohnt hatten. Die Bettwäsche war sauber und duftete nach Sonne und frischer Luft, nicht so muffig wie die alten Schlafsäcke, die sie immer beim Zelten benutzt hatten.

Sie schlief.

Am Morgen wurde sie von Regentropfen geweckt, die auf das Dach trommelten. Sie lag da und betrachtete die Blümchen auf der blaßgrünen Tapete und dachte an Reanna und Bill, die irgendwo dort draußen im Regen zelteten, durchnäßt und fröstelnd. Aber dann dachte sie an die gemütlichen Tage, die sie und Reanna in ihrem Zelt verbracht hatten; sie hatten Spiele gespielt, miteinander geredet und Pläne geschmiedet, während der Regen auf das Zeltdach trommelte.

Plötzlich war ihre Stimmung so trübe wie der Tag.

Dann hörte sie ein Geräusch, das sie auf eine Idee brachte, wie sie entkommen konnte, um Reanna und Bill zu suchen. Grandpa brachte gerade die vollen Milchkannen zum Straßenrand, wo Mister Jensen, der Fahrer des Milchwagens, sie aufladen würde. Manchmal benutzten die Leute Mister Jensens Lastwagen wie einen Busdienst und fuhren mit ihm nach Preston, um Einkäufe zu erledigen. Auf seiner Tour zurück fuhren sie dann wieder mit ihm nach Hause.

Sie war Mister Jensen zweimal während ihrer Woche in Sheep Creek begegnet. Bestimmt würde er sie mitfahren lassen, und irgendwo unterwegs würde sie dann schon die zwei schwarz-silbernen Harley-Davidson entdecken.

Es war besser, Grandpa erst gar nichts davon zu sagen. Vermutlich war er froh, wenn sie wegging, aber er würde es als seine Pflicht betrachten, sie zurückzuhalten. Sie und Reanna konnten ihn dann später von der nächsten Stadt aus anrufen.

Jetzt, wo sie einen Plan hatte, sprang Skye aus dem Bett und blickte geradewegs in das Gesicht eines Monsters mit Reißzähnen draußen vor ihrem Fenster. Was sonst sollte dieses häßliche, triefnasse Etwas sein, das mit offenem Maul im Regen auf ihrer Fensterbank saß und seine kleinen, aber gräßlich anzusehenden Reißzähne zeigte?

»Reanna, hilf mir!« flüsterte Skye mit trockener Kehle.

Das Monster mit den Reißzähnen verschwand, aber erst nachdem Skye festgestellt hatte, daß es bloß wieder die magere schwarzweiße Katze gewesen war, die sie schon beobachtete, seit sie hier angekommen war.

Sie lief zum Fenster und schämte sich ein bißchen, als hätte sie jemand dabei ertappt, daß sie noch an Kindermärchen glaubte. Die Katze stand auf einem Ast des riesigen Baums direkt vor Skyes Fenster, und wieder öffnete sie das Maul zu einem lautlosen Miauen.

»Komm, Miez, Miez, Miez!« Skye schob das Fenster hoch, aber die Katze flitzte den Baumstamm hinunter und verschwand im Regen.

Mister Jensens Lastwagen fuhr oben an der Straße vorbei auf seinem Weg zu den Farmen am nördlichen Ende des Dorfes, und das bedeutete, daß Skye etwa eine Stunde Zeit blieb, um sich zur Abfahrt bereitzumachen. Sie hatte also reichlich Zeit.

Sie zog sich wieder ihre Reisesachen an — Jeans, rotkariertes Hemd und Turnschuhe. Ihr Seesack war noch vom Vortag fertig gepackt. Auf ihrem Weg nach unten legte sie ihn zusammen mit ihrer Landkarte der westlichen Staaten und ihrer Jeansjacke auf dem unteren Treppenabsatz ab.

Grandpa setzte sich gerade mit seiner Zeitung an den

Küchentisch. »Schönen guten Morgen, Sis«, sagte er, sobald er sie sah.

Dies war das erste Mal, daß sie beide allein miteinander frühstückten. Er machte ein Gesicht, als überlegte er, was er sonst noch sagen konnte. Schließlich sagte er nur: »Du solltest was frühstücken.« Dann schlug er die Zeitung auf und hielt sie sich vor das Gesicht.

»Wollte ich gerade.« Es störte sie nicht, daß er sich hinter der Zeitung versteckte. So fiel es ihm wenigstens nicht auf, wenn sie vor Aufregung ganz rote Wangen hatte. Sie hoffte nur, daß er wieder in die Scheune gehen würde, bevor Mister Jensen von seiner Tour zurückkam. »Ißt du nichts, Grandpa?« fragte sie.

»Doch, doch, Sis.« Grandpas Arm tauchte hinter der Zeitung auf. Er nahm eine Schüssel von dem Stapel, der immer auf dem Tisch stand, dann griff er nach einer der Packungen mit Getreideflocken, die auch immer dort standen. Frühstück bei Grandpa bestand einfach nur darin, daß man sich eine der vielen verschiedenen Packungen mit Getreideflocken aussuchte, die die Hälfte des hellen ovalen Tischs einnahmen. Zweimal, seit Reanna und sie angekommen waren, war Tante Esta herübergekommen und hatte alle Packungen in einem der Schränke verstaut. Beide Male hatte Grandpa, sobald sie wieder fort war, alle wieder herausgeholt und auf den Tisch zurückgestellt.

Skye nahm sich auch eine Schüssel von dem Stapel und studierte die Auswahl an Getreideflocken. Es gab Knusperweizen und Corn Flakes und Vollkornflocken und noch ein paar weitere, ähnlich langweilige Sorten. Grandpa hielt offenbar nicht viel von den interessanteren wie Schokopops und Zimttoast-Crunch, obwohl Skye auch davon je eine Packung gesehen hatte.

Nach einem Blick aus dem Fenster, der ihr verriet, daß Mister Jensen noch nicht wieder auf dem Rückweg war, schüttete sie sich ihre Schüssel mit Schokopops halbvoll und goß sich Milch aus dem dicken weißen Krug, der auch auf dem Tisch stand, dazu. Milch von Grandpas eigenen Kühen. Sie goß auch Grandpa etwas Milch über seine Vollkornflocken.

Während sie aßen, behielt Skye die altmodische Uhr im Auge, die auf einem Bord an der Küchenwand stand. Das Uhrgehäuse, das mehr als einen halben Meter hoch war, bestand aus Holz mit vielen verschnörkelten Schnitzereien. Durch ein kleines gläsernes Türchen konnte man sehen, wie ein goldenes Pendel hin- und herschwang, immer hin und her, und dabei die Sekunden, die Tage und die Jahre abmaß. Zu jeder Stunde verkündete die Uhr mit ihren Schlägen die Zeit.

Skye gefiel die Uhr. Überhaupt gefiel ihr die ganze Küche. Sie und Reanna hatten nie eine richtige Küche gehabt; dafür hatte es in einigen der möblierten Zimmer, in denen sie gewohnt hatten, einen Kühlschrank, einen Herd und ein Spülbecken gegeben. Diese Küche hier war groß, groß genug für einen Tisch mit vier Stühlen sowie ein Sofa an der einen Wand. Eine alte Tretnähmaschine stand unter dem großen Doppelfenster, durch das man auf den Highway sah. Skye erinnerte sich, daß, als Grandma Abby noch lebte, auf den Fensterbrettern Kästen voller leuchtend bunter Geranien gestanden hatten. Grandpa sagte, er müsse sich um zuviel anderes kümmern, also hatte er sie abgeschafft.

»Nervös, Sis?« fragte Grandpa auf einmal, und Skye wurde bewußt, daß sie beim Essen mit den Fingern auf die Tischplatte getrommelt hatte.

Sie räusperte sich und fragte: »Grandpa, weißt du, wohin diese Katze gehört? Die klapperdürre, die hier immer herumstreicht und uns beobachtet?«

Grandpa war schon wieder hinter seiner Zeitung verborgen. »Wahrscheinlich nirgendwohin«, antwortete er von dahinter.

»Aber irgendwohin muß sie doch gehören. Woher kommt sie denn, wenn sie niemandem gehört?«

»Manche Leute setzen ihre unerwünschten Haustiere einfach irgendwo an der Straße ab. Die Idioten denken, irgendwer wird sich schon drum kümmern, dabei gibt es auch so schon viel zu viele von diesen Tieren.« Grandpa ließ die Zeitung ein wenig sinken. »Es ist nur eine streunende Katze. Und sie kann von Glück reden, daß Tarzan sie noch nicht in der Luft zerrissen hat.«

Skye war entsetzt. »Meinst du, das würde er tun?«

»Keine Ahnung. Normalerweise kann er überhaupt keine fremden Streuner in seinem Revier leiden.« Grandpa wandte sich wieder seiner Zeitung zu.

Ob Grandpa wohl auch keine fremden Streuner in seinem Revier duldete?

Na ja, sehr lange würde sie ja nicht mehr hier sein. Skye schaufelte den Rest ihrer Schokopops in sich hinein. Sie schmeckten irgendwie fad, genau wie die übrigen Sorten auf dem Tisch. Wie lange standen sie hier wohl schon herum? Wie lange brauchte ein Mensch, um sich ganz allein durch neun verschiedene Sorten hindurchzuessen?

Vielleicht hätte sie Grandpa anbieten sollen, ihm Frühstück zu machen. Sie und Reanna hatten ganz tolle Gerichte erfunden, wie zum Beispiel das Käsemonster, das aus einer Toastscheibe mit einer dicken Schicht

Schmelzkäse und einem Spiegelei obenauf bestand. Sie wußte, wie das gemacht wurde.

Aber es wäre nicht fair, Grandpa an gutes Essen zu gewöhnen, wenn sie sowieso abhauen wollte. Außerdem war jetzt keine Zeit mehr dazu.

Grandpa legte seine Zeitung aus der Hand und schob seinen Stuhl zurück, so daß die Stuhlbeine über den Linoleumboden scharrten. »Ich habe in der Scheune zu tun.« Er stand auf und sah Skye wieder an, als überlege er wieder, was er sonst noch sagen könnte. »Bis dann, Sis«, sagte er und ging.

»Wiedersehen, Grandpa.« Skye hoffte, daß er lange genug in der Scheune bleiben würde, um nicht zu sehen, wie sie in den Milchlaster stieg. Sie würde ihm einen Zettel hinterlassen. Er würde schon verstehen, was in ihr vorging.

Sie hatte gerade den Rest ihrer Schokopops gegessen, als sie sah, wie die schwarzweiße Katze von außen aufs Fensterbrett sprang. Sie war froh zu sehen, daß Tarzan sie nicht erwischt hatte.

Die Katze trug etwas im Maul, etwas Kleines, Nasses, Strubbeliges. Ein Junges! Die magere Katze hatte ein Junges.

»O je!« murmelte Skye, sprang auf und lief nach draußen. Was war, wenn Tarzan auftauchte, bevor sie bei der Katze war? Konnte er seine großen Vorderpfoten auf das Fensterbrett stellen und sich die Katze zusammen mit ihrem Jungen schnappen?

Tarzan war nirgendwo zu sehen, aber das bedeutete nicht, daß er nicht jeden Moment auftauchen konnte.

Die Katze gestattete Skye, sie auf den Arm zu nehmen und hineinzutragen, wobei sie weiter das tropfnasse Junge beim Genick im Maul hielt. Skye setzte die

Katze auf dem Küchenboden ab. Erst jetzt ließ die Katze ihr Junges los und stellte es auf seine stämmigen kleinen Beinchen.

Das Junge war noch ganz klein. Skye wußte nicht allzu viel über Katzen, aber sie schätzte, daß es nicht ganz einen Monat alt war. Die Zeichnung in seinem Gesicht verlieh ihm einen lustigen, überraschten Ausdruck. Die schwarzweiße Musterung auf seinem Rücken ließ es aussehen, als trüge es eine Latzhose.

Es stand verstört da, wandte den Kopf und stieß piepsige, klagende Laute aus.

Für Skye war es das Schönste, was sie je gesehen hatte. Noch nie hatte sie ein Haustier gehabt. »Haustiere sind nur lästig«, hatte Reanna immer gesagt. »Dadurch ist man nur gebunden.«

Einmal hatten sie ein Zimmer in einem großen, zweistöckigen Haus in Wyoming gemietet, ein Haus voller Kinder und Haustiere. Die Hauskatze hatte Junge gehabt, drei hellorange-weiße und ein kleines grau getigertes mit grünen Augen. Skye hatte das kleine graue Kätzchen so gern gehabt und hatte Reanna angefleht, es mitnehmen zu dürfen, als sie weiterzogen. Geduldig hatte Reanna ihr erklärt, daß ihre Art zu leben, das Herumreisen in dem alten Kombi von Ort zu Ort, nicht das richtige für ein kleines Kätzchen war, daß es Katzenfutter brauchte, was sie sich gar nicht leisten konnten, und daß die Übernahme einer solchen Verantwortung sie nur in ihrer Freiheit einschränken würde.

Unter Tränen hatte Skye von dem grauen Kätzchen Abschied genommen, als Reanna den Job als Kellnerin, den sie in einem Café in der Stadt angenommen hatte, satt gehabt und gesagt hatte, es würde Zeit für sie weiterzuziehen. Die Kinder in dem Haus hatten gesagt, daß sie niemand kannten, der ein Kätzchen wollte. Ihre Gesichter hatten einen ganz düsteren Ausdruck gehabt, als sie das sagten, als wüßten sie genau, was mit unerwünschten Kätzchen passierte. Skye hatte es gar nicht wissen wollen.

Die magere Katze leckte ihr Junges und blickte dabei hin und wieder zu Skye auf. Sie machte leise, stolze Laute, die Skye als »Ist es nicht süß? Ist es nicht das schönste Kätzchen, das du je gesehen hast?« deutete.

Skye ließ sich auf dem Boden nieder und streckte die Hand aus, um der Katzenmutter das nasse Fell zu streicheln. Sie war erschrocken, wie abgemagert die Katze war. »Hör mal, Babe, du bist ja nur Haut und Knochen.« Dasselbe hatte Tante Esta auch zu Skye gesagt. »Ich besorge dir was zu fressen.«

Aber die Katze wollte hinaus. Sie ging zur Tür und miaute höflich.

Skye stand auf. »Du willst ohne dein Kleines abhauen? Dann bist du genau wie jemand anders, den ich kenne.«

Die Katze strich um Skyes Knöchel und rieb ihre waschbrettartigen Rippen an ihrem Bein.

»Na gut, wenn du unbedingt willst.« Skye machte ihr die Tür auf, und die Katze schoß hinaus in den Regen.

In dem Moment hörte sie Mister Jensens Lastwagen die Straße wieder entlangkommen.

»Hey, komm gefälligst zurück!« rief sie der Katze hinterher. »Ich kann nicht für dich den Babysitter spielen. Ich muß gehen.«

Aber die Katze war fort.

Skye drehte sich um und sah das Kätzchen an, das ein paar zitterige, ziellose Schritte machte. Es miaute herzzerreißend. Skye hob es hoch und sprach leise und beruhigend auf es ein.

Das Katerchen paßte genau auf ihre Handfläche. Vorsichtig streichelte sie ihm mit einem Finger den Rücken.

»Ich fürchte, ich muß dich wieder hinaussetzen«, sagte sie.

Aber dann wurde es vielleicht von Tarzan erwischt.

Das Kätzchen duftete sauber, wie das Heu in Grandpas Scheune. Bestimmt hatte seine Mutter es bis jetzt dort versteckt. Vielleicht brachte sie es am besten dorthin zurück.

Aber die Scheune war nicht sicher, wenn Tarzan immer dort herumstöberte. Das war wahrscheinlich auch der Grund, weshalb die Katze ihr Junges ins Haus gebracht hatte.

Der Milchlaster war inzwischen bei der Nachbarfarm angelangt. Skye konnte das Jaulen der Hebebühne hören, mit der die schweren Kannen auf die Ladefläche gehievt wurden.

Wenn sie nicht heute morgen mit Mister Jensen mitfuhr, würden Reanna und Bill vermutlich weiterfahren. Wohin wohl? Welche Richtung würden sie einschlagen? Wie sollte sie sie finden?

Sie spähte in den Regen hinaus und hielt nach der Katze Ausschau. »Miez, Miez, Miez«, rief sie.

Die Katze war nirgends zu sehen. Skye hatte keine andere Wahl, als das Junge in der Küche zurückzulassen und das Beste zu hoffen.

Sie setzte es wieder auf den Boden und lief zum unteren Treppenabsatz, um ihre Sachen zu holen. Sie zog ihre Jeansjacke an, schnappte sich die Karte und schulterte den Seesack. Als sie hinausging, ließ sie die

Küchentür ein Stück offen, so daß die Katze wieder zu ihrem Jungen hinein konnte.

Mister Jensen hielt am Ende der Auffahrt, um Grandpas Milchkannen aufzuladen.

Hinter Skye miaute das Kätzchen. Sie drehte sich um. Einsam stand das Kleine an der Türschwelle, wandte den kleinen Kopf hierhin und dorthin und blickte sich mit seinen milchig blauen Augen suchend um. Ob es versuchte, ihr hinterherzukommen?

Sie konnte es nicht einfach dort zurücklassen. Aber es war auch zu klein, als daß sie es mitnehmen konnte.

Das Leben war nun mal hart.

Mister Jensen stieg aus seinem Laster und schlug die Tür zur Fahrerkabine zu. Das Geräusch mußte das Kätzchen erschreckt haben, denn es wackelte, immer noch miauend, eilig in die Küche zurück.

Skye lief auf den Milchlaster zu. »Mister Jensen!« rief sie.

Tarzan tauchte aus der Scheune auf, um Mister Jensen mit einem freundlichen Bellen zu begrüßen, wandte sich dann aber neugierig dem Haus zu. Ob er die piepsigen Schreie des kleinen Katzenjungen hörte?

Skye blieb stehen. Sie mußte die Tür zur Küche schließen, damit Tarzan nicht hinein konnte.

Aber dann konnte auch die Katzenmutter nicht mehr hinein. Ob Tarzan sich die Katze schnappte, sobald sie versuchte, zu ihrem Jungen zu kommen? Mister Jensen sah in Skyes Richtung. »Wolltest du was, Skye?«

Vielleicht blieben Reanna und Bill ja für ein oder zwei Tage an derselben Stelle, wenn es so regnete. Vielleicht konnte sie sie morgen immer noch einholen.

»Ich wollte nur Hallo sagen«, rief Skye Mister Jensen zu, dann lief sie zum Haus zurück.

6

Hinter sich konnte Skye hören, wie Mister Jensen seinen Lastwagen wieder startete. Sie stellte sich vor, wie er jetzt die Straße hinunterfuhr, vorbei an den Trauerweiden, die das Bachufer säumten, vorbei an der Kirche und der Schule und dem Gemischtwarenladen, vorbei an den grauen Klippen, die sich vor dem Flußufer erhoben. Sie war sicher, daß das die Stelle war, wo Bill und Reanna zelteten, dort unter den gewaltigen Holundersträuchern am Fluß, wo sie das Plätschern des Wassers hören konnten, während sie im Zelt frühstückten. Vielleicht hatten sie unter dem Schutz der hohen Bäume Speck auf Reannas kleinem einflammigen Propangaskocher gebraten. Der kräftige Speckduft würde sich im Zelt mit dem Geruch der frischen, regengesättigten Luft mischen.

Wie hatte Skye nur hierbleiben können, aus Sorge um ein albernes kleines Kätzchen? Warum hatte sie nicht auf Reanna gehört, die schon so oft gesagt hatte, daß Haustiere einen nur abhängig machten, in der Freiheit einschränkten, im Weg waren?

Skye war fast schon wieder an der Küchentür angelangt, als Jermer Golightly plötzlich auftauchte. Er schlurfte durch den Regen und schleppte sich mit einem riesigen schwarzen Regenschirm, seinem blauen Rucksack und einem Armvoll Kartons ab.

Großartig. Das hatte ihr gerade noch gefehlt. Jemand, der Trauerlieder sang und Begräbnisse liebte.

Vielleicht wollte er ja ein Begräbnis für ihre Hoffnungen veranstalten.

Tarzan kam schwanzwedelnd herbei, um Jermer zu begrüßen, und verschwand dann wieder in der Scheune.

»Hallo«, sagte Jermer zu Skye. »Wollen wir *Scrabble*

spielen? Ich kann noch nicht so viele Wörter buchstabieren, aber es macht mir Spaß.«

Jetzt erkannte Skye, daß die Kartons, die Jermer bei sich trug, lauter Spiele waren. *Monopoly, Cluedo, Scrabble*. Die Titel auf den anderen Kartons konnte sie nicht erkennen.

»Nein«, sagte sie.

»Wie steht's mit *Rook?* Oder *Go Fish?* Ich habe auch *Pit* dabei und *Uno*.« Jermer folgte ihr in die Küche, wobei ihm der riesige Schirm einige Schwierigkeiten machte, und trat die Tür hinter sich zu. Er blieb wie angewurzelt stehen, sobald er das kleine Kätzchen miauen hörte. Als er es da mitten auf dem Fußboden sah, ließ er den Regenschirm, seinen Rucksack und seine ganzen Spiele auf den Küchentisch fallen und ließ sich neben dem Kätzchen auf die Knie nieder. »Skye, wo hast du das denn her?«

»Seine Mutter hat es mir einfach vor die Füße gelegt«, erwiderte Skye.

Jermer streckte die Hand aus, um das miauende Kätzchen zu streicheln. »Das hat aber Angst. Ob ich es hochheben darf?«

Skye zuckte mit den Schultern. »Ist mir doch egal.«

Wieso war sie nur so sauer auf das kleine Kätzchen? Es konnte schließlich genausowenig dafür, hier abgeladen worden zu sein, wie Skye.

»Bestimmt mag es das«, setzte sie etwas freundlicher hinzu.

Jermer hob das Kätzchen hoch und hielt es vorsichtig gegen die Brust. »Oh, oh, oh«, sagte er sanft. »Oh, oh, oh.« Er sah Skye an. »Wie heißt es denn?«

»Du hast es gerade getauft«, antwortete Skye. »Wir nennen es Oh.«

»Oh«, sang Jermer. »Oh, Oh, Oh.« Es war die Melodie des Trauerliedes, das Jermer am liebsten sang.

»Willst du es haben?« fragte Skye.

Für einen kurzen Augenblick leuchtete es in Jermes Gesicht auf, aber dann erwiderte er: »Ich kann es nicht mit zu Sweetie nach Hause nehmen. Der alte Mangler würde ihn auffressen.«

Mangler war Sweetie Farnsworths alter Kater. Skye hatte ihn schon gesehen, einen zerzausten orangefarbenen Kämpfer mit nur noch einem halben Schwanz und einem abgeknickten Ohr. Sweetie hatte ihr erzählt, daß sie ihn irgendwo aufgelesen hatte, um zu sehen, was sie für ihn tun konnte. Jetzt war er fett und faul und verteidigte eifersüchtig sein Territorium.

Genau wie Tarzan.

Was für einen Unterschied machte es schon, ob das Kleine von Mangler aufgefressen oder vorher von Tarzan geschnappt wurde?

»Außerdem«, fügte Jermer hinzu, »ist es noch zu klein, um seiner Mutter fortgenommen zu werden.«

»Seine Mutter ist weg«, sagte Skye.

Jermer hielt sich das Kätzchen an die Wange und lächelte ein liebes, weiches Lächeln. »Sie wird zurückkommen«, sagte er. »Das tun Katzen immer.«

Wie als Antwort auf seine sichere Behauptung erklang ein Miauen an der Tür. Skye lief hin, um aufzumachen. Die abgemagerte Katze nahm ein Junges ins Maul, das sie offenbar an der Schwelle abgelegt hatte, um miauen zu können, und trug es in die Küche. Sie legte es Skye vor die Füße und sah zu ihr auf.

»Na klar«, sagte Skye. »Warum auch nicht? Du hast ja schon mein Leben ruiniert. Dann kann ich genausogut noch ein zweites Kätzchen aufnehmen.«

Trotz ihrer unfreundlichen Worte kniete sie sich hin, um den Neuankömmling zu betrachten. Dieses Junge war etwas kleiner als Oh, aber es stand selbstbewußt auf seinen kurzen Beinchen und gab keinen Laut von sich.

Als Skye es vorsichtig berührte, machte es sein winziges Schnäuzchen auf und fauchte.

Sofort war Skye rettungslos verliebt. »Oh, du süßes, kleines Ding«, sagte sie. »Du süßes, kleines, freches Ding.«

Sie hob das Kätzchen auf. Wie das andere, war auch dieses überwiegend schwarz, aber sein Gesichtchen und die Brust waren weiß, mit einem schwarzen Fleck auf dem Kinn, was es wie eine Blüte aussehen ließ. Es stand auf Skyes Handfläche und sah sie mit seinen milchigen, babyblauen Augen an. Wieder fauchte es.

»Nicht größer als ein Twinkie-Keks, aber bereit zu kämpfen«, bemerkte Skye.

So würde sie dieses Junge nennen. Twinkie. Wenn Reanna sah, wieviel Mumm dieses kleine Ding hatte, würde sie ihr bestimmt erlauben, es zu behalten. Mumm imponierte Reanna. Bestimmt würde Reanna darauf bestehen, daß sie es behielten.

Glücklicher als in den ganzen vergangenen vierundzwanzig Stunden zuvor zusammen, sah sich Skye nach der Katzenmutter um. Vielleicht wollte sie ja jetzt was fressen, nachdem sie ihre Jungen hereingeschafft hatte.

Aber die Katze war nicht mehr da.

»Sie ist wieder hinausgegangen«, sagte Jermer. »Bestimmt holt sie noch mehr Junge.«

Skye bekam weiche Knie. Was sollte sie mit den ganzen anderen Jungen anfangen? Es war gut möglich, daß Reanna ihr erlaubte, Twinkie zu behalten, aber Skye brauchte erst gar nicht zu fragen, ob sie mehr als ein Kätzchen haben durfte.

Jermer konnte sie auch nicht nehmen. Er hatte ja schon gesagt, daß der alte Mangler das nicht zulassen würde.

Vielleicht Grandpa? Ob er auf die Kätzchen aufpassen würde, damit Tarzan ihnen nichts tat? Aber er hatte doch auch so schon genug um die Ohren.

Die Tanten? Nein, Skye war bei Tante Esta zu Hause gewesen und wußte, daß sie eine übertrieben gründliche Hausfrau war, die keinem Haustier und nur wenigen Menschen erlauben würde, ihre blitzblanken Fußböden zu betreten. Sicherlich waren die anderen Tanten nicht viel besser.

Sie fragte sich, ob Cody wohl Katzen mochte. Vielleicht konnte sie sich ja mit Denise und Lee Esther anfreunden, und jede würde ein Kätzchen nehmen.

Jermer unterbrach ihre Grübeleien. »Wir bauen ihnen besser eine Hütte. Wenn wir die Kleinen auf dem Boden herumlaufen lassen, wird noch irgendwer drauftreten.« Er wiegte Oh beruhigend, während er weiter dieses gräßliche Trauerlied vor sich hinsummte.

Mit Twinkie auf dem Arm ging Skye zur hinteren Veranda und fand dort einen passenden Karton. Sie stöberte noch etwas weiter und entdeckte noch ein altes Handtuch, mit dem sie den Karton auslegte. Der Karton war genau richtig; niedrig genug, so daß die Katzenmutter leicht hinein und hinaus konnte, andererseits aber nicht so niedrig, daß die Jungen hinaus konnten, zumindest nicht für die nächsten paar Tage. Skye hatte gerade die zwei Kleinen in den Karton gesetzt, als die Katzenmutter mit einem dritten ankam, das sie bereitwillig in Skyes ausgestreckte Hand fallenließ.

Das dritte war größer als die beiden anderen, ein stämmiges Fellbündel, das beinah völlig schwarz war, nur daß es eine weiße Gesichtsmaske hatte und bis zur Hälfte weiße Beinchen, so daß es aussah, als trüge es einen schwarzen Pullover mit hochgeschobenen Ärmeln.

»Das ist Floyd«, sagte Jermer, während er das Kleine hochhob.

»Wieso denn Floyd?« wollte Skye wissen. »Erinnert es dich an jemand?«

Jermer legte die Stirn in Falten und betrachtete das friedliche kleine Katzengesicht. »Ich weiß nicht genau. Aber ich glaube, ich erinnere mich an eine Katze, die Floyd hieß, droben am Snake River.«

»Was hast du denn am Snake River gemacht?« fragte Skye.

Jermer schüttelte den Kopf. »Ich glaube, ich habe dort früher mit meinem Dad gelebt. Das war, bevor ich zu Sweetie gekommen bin.«

Skye wußte nicht viel von Jermer. Sweetie hatte ihr nur erzählt, daß seine Mutter bei seiner Geburt gestorben und er mit vier Jahren zu ihr gekommen war. Sie hatte nicht gesagt, woher und wieso. Skye wünschte sich jetzt, sie hätte Sweetie mehr Fragen über ihn gestellt.

»Dann also Floyd«, sagte Skye. »Und hoffentlich ist es das letzte Junge.«

Das war es offenbar, denn die Katzenmutter, nasser und strubbeliger denn je, legte sich auf den Boden und sah Skye und Jermer an. Sie sah erschöpft aus.

»Jetzt frißt sie vielleicht was«, meinte Skye, gab Floyd behutsam an Jermer weiter und ging zum Kühlschrank. »Ich gebe ihr was von dem kalten Braten, der von der

Hochzeit übrig ist. Sie ist so mager. Komm her, Babe.«

Jermer rutschte, Floyd auf dem Arm, auf Knien zu der Stelle, wo die Katze lag. »Babe«, sagte er. »Babe.«

Also gut, die Katzenmutter sollte Babe heißen. Nun hatten alle Katzen Namen.

Babe stand auf, sobald Skye die Kühlschranktür öffnete. Sie kam zum Kühlschrank und strich Skye um die Beine, wobei sie höflich, aber eindringlich miaute.

Skye zupfte gerade Fleischreste von einem Schinkenknochen, als Grandpa von der Scheune zurückkehrte. Er kam in die Küche, zog den Reißverschluß seiner Regenjacke auf und schüttelte die Nässe davon ab. »Ganz schön naß draußen«, bemerkte er, dann blieb er stehen und sah Babe und die Katzenjungen in dem Karton an. »Was ist denn das, Sis?«

Etwas an seinem Tonfall bewirkte, daß sich Skye der Magen umdrehte.

»Weißt du noch, wie ich dich beim Frühstück nach der Katze gefragt habe?« brachte sie schnell vor. »Die Katze, von der du gesagt hast, daß es nur eine Streunerin ist? Sie ist gerade mit ihren Babys hier eingezogen.«

Grandpa zog den Reißverschluß seiner Regenjacke wieder hoch. »Dann läßt du sie am besten gleich wieder ausziehen, bevor sie sich hier häuslich einrichtet. Und gib ihr bloß nichts zu fressen, sonst werden wir sie nie mehr los.«

Ohne auch nur abzuwarten, was Skye ihm über ihre Pläne mit den Katzen zu erzählen hatte, nahm er Jermer Floyd ab und setzte ihn zu den beiden anderen Jungen in den Karton. Dann hob er den Karton hoch und ging damit zur Tür. Die Kleinen purzelten durcheinander und schrien kläglich nach ihrer Mutter. Babe lief Grandpa vor den Füßen herum und miaute beunruhigt.

Jermer stand auf und sammelte seinen Regenschirm, seinen Rucksack und alle Spiele wieder ein. »Ich schätze, wir werden jetzt wohl keine Spiele machen«, sagte er.

»Grandpa«, jammerte Skye, während sie ihrem Großvater hinterherlief. »Laß sie mich doch behalten. Wir haben ihnen schon Namen gegeben. Die Mutter heißt Babe und die Kleinen haben wir Floyd und Oh und Twinkie genannt!«

Grandpa marschierte unbeirrt zur Tür hinaus und in den Regen. »Du solltest einem Lebewesen, das du nicht behalten kannst, niemals einen Namen geben, Sis«, sagte er. »Damit machst du dir es nur unnötig schwer.«

»Grandpa«, jammerte Skye wieder. »Grandpa, ich werde aber eins der Kätzchen behalten. Reanna wird mir erlauben, daß ich eins nehme. Nur eins.«

»Darauf würde ich mich an deiner Stelle nicht verlassen, Sis.« Grandpa ging weiter.

»Die anderen werde ich auch irgendwo unterbringen«, rief Skye flehentlich. »Bei den Tanten. Den Cousins und Cousinen. Irgendwer wird sie schon haben wollen!«

Was nützte das alles? Warum war sie heute morgen nicht einfach mit Mister Jensen mitgefahren? Inzwischen könnte sie glücklich und zufrieden in Reannas und Bills Zelt sitzen und ihnen erzählen, wie es ihr gelungen war, sie zu finden. Reanna würde sagen, wie stolz sie war, eine so einfallsreiche Tochter zu haben, und Bill . . . Wen kümmerte es schon, was Bill dachte? Sie würde bei ihnen sein, und er würde sich halt damit abfinden müssen, ob es ihm nun paßte oder nicht.

Sie hätte abhauen sollen. Die Katzen würden so oder so sterben müssen.

Diesmal brauchte sie sich gar nicht mit ihren Tränen abzumühen. Sie flossen ganz von allein, heiß und brennend, über ihr Gesicht und tropften zusammen mit dem Regen auf das Fell der mageren Katze zu ihren Füßen. »Grandpa!« schrie sie.

Als wäre alles nicht schon schlimm genug, bog ausgerechnet jetzt Tante Estas Auto in den Hof und kam langsam auf dem regendurchweichten Matsch zu stehen. Tante Esta spähte hinaus und noch jemand auf dem Rücksitz. Denise war es, und neben ihr saß Lee Esther.

Durch die Wagenfenster glotzten sie Skye an, die flennend im Regen stand. Als sie sie das letzte Mal gesehen hatten — nämlich als Reanna und Bill weggefahren waren —, hatte Skye auch geflennt. Bestimmt dachten sie, Skye könne nichts anderes tun.

Skye sah, wie sie einen Blick tauschten und sich anlächelten.

7

Tante Esta stieg aus dem Auto. Sie trug einen himmelblauen Hosenanzug und darüber eine Schürze, als hätte sie sich nur ein paar Minuten von ihren Küchenpflichten freigenommen. Sie hielt sich eine Plastiktüte über ihr ordentlich frisiertes graues Haar, um es vor dem Regen zu schützen.

Lee Esther und Denise stiegen ebenfalls aus, und jetzt kam auch Tarzan um die Scheunenecke geschossen, vermutlich um zu sehen, wer gekommen war.

Zuerst lief er auf die Cousinen zu, wobei er aufgeregt mit dem Schwanz wedelte. Dann entdeckte er die Katzenmutter, die praktisch Grandpas Hosenbein hochkletterte, um an ihre miauenden Jungen in dem Karton zu kommen. Abrupt änderte Tarzan die Richtung und kam auf die Katze zu, wobei er ihr bellend Befehle erteilte, sein Revier zu verlassen.

Babe, mager wie ein Kleiderbügel, verteidigte ihre Stellung, indem sie einen Buckel machte und ihren Schwanz aufplusterte.

Skye fuchtelte mit den Armen vor Tarzan herum und schrie: »Hau ab! Hau ab!«

Jermer wollte auch auf den Hund zulaufen, rutschte aber im Matsch aus und fiel hin, und alle seine Spiele mit ihm. Einer der kleineren Kartons ging auf, und Karten regneten auf den matschigen Boden.

Selbst Grandpa versuchte, Tarzan wegzuscheuchen, wobei der Karton bedenklich schwankte, so daß die verschreckten Kätzchen nur noch lauter schrien.

Fauchend und miauend fuhr Babe die Krallen aus und sprang Tarzan an. Er bellte sie an, machte aber sofort einen Satz zurück, als sie nach ihm schlug und einen langen blutigen Kratzer auf seiner Schnauze hinterließ. Jaulend zog er sich in die Scheune zurück.

Die Kätzchen im Karton schrien immer noch jämmerlich. Skye versuchte, die Katzenmutter hochzuheben, aber Babe fauchte auch sie an und hob drohend die Tatze.

»Laß sie ein wenig in Ruhe«, rief Tante Esta ihr zu. »Sie wird sich schon wieder beruhigen, wenn du ihr Zeit läßt.«

Zitternd trat Skye zurück.

Jermer rappelte sich hoch und betrachtete seine im Matsch verstreute Spielesammlung. »Mein *Uno*-Spiel ist im Eimer«, stellte er fest, während er eine der Spielkarten aus einer schlammigen Pfütze zog.

Denise und Lee Esther standen wie zwei triefende, schweigende Ölgötzen da und sahen zu.

Die Plastiktüte immer noch über den Kopf haltend, fragte Tante Esta: »Was geht hier vor? Orville, was hast du dort in dem Karton?«

»Katzen«, erwiderte Grandpa. »Ich bringe sie nur in die Scheune zurück, wo sie hingehören.«

»Dort werden sie in Stücke gerissen, wenn es nach dem dummen Hund geht.« Tante Esta wandte sich Skye zu und öffnete den Mund, um noch was zu sagen, schloß ihn dann aber wieder.

Skye wußte, daß alle sie ansahen, und versuchte, mit dem albernen Geflenne aufzuhören. Sie wußte, daß ihre Nase lief, aber sie hatte kein Taschentuch, um sie sich zu putzen. Sie wischte sie am Ärmel ab, obwohl ihr klar war, daß es nicht besonders klug war, so was vor Tante Estas Augen zu tun.

Aber Tante Esta seufzte nur, klemmte ihre Plastiktüte unter den Arm und holte aus ihrer Schürzentasche ein spitzenbesetztes Taschentuch, das sie Skye gab. Es duftete nach Rosenblättern.

»Putz dir die Nase«, forderte Tante Esta sie auf und wartete darauf, daß Skye gehorchte. Sie nahm ihr das benutzte Taschentuch ab und stopfte es wieder in ihre Schürzentasche. Dann fragte sie: »Machst du dieses ganze Theater wegen ein paar Katzen?«

Skye funkelte sie so streitlustig an, wie es ihr mit tränennassen Augen möglich war. »Es sind nicht nur einfach ein paar Katzen. Sie haben Namen. Ich mache Theater wegen Floyd und Oh und Twinkie. Und Babe.« Sie zeigte auf die Katzenmutter, die zwischen ihnen herumstrich, den Schwanz immer noch auf doppelten Umfang aufgeplustert. »Du würdest ja auch Theater machen, wenn man dir die einzigen Haustiere, die du je hattest, wegnehmen würde.«

»Vorlaut bist du«, stellte Tante Esta fest. »Genau wie deine Mutter.«

Skye holte Luft, um noch mehr zu sagen, aber Tante Esta hielt eine Hand hoch. »Meine Güte, Orville«, sagte sie, »laß das Mädchen doch die Katzen behalten. Skye hat es schwer genug. Laß sie sie haben, solange sie hier ist.«

Total überrascht von Tante Estas unerwartetem Verständnis, brach Skye von neuem in Tränen aus. Verlegen wandte sich sich ab, um sie zu verbergen.

Eine der Cousinen kicherte.

Skye konnte nicht unterscheiden, ob es Denise war oder Lee Esther.

Grandpa murmelte etwas davon, daß man sich nicht um jedes herrenlose Tier kümmern konnte, das keiner mehr haben wollte, aber Tante Esta marschierte zu ihm hinüber und nahm ihm den Karton mit den Kätzchen ab.

»Hier«, sagte sie und drückte ihn Skye in die Arme. »Du bist verantwortlich für sie, solange du hier bist, und sorgst dafür, daß sie unterkommen, wenn du wieder fortgehst. Alles klar?«

Skye sah die nassen Kätzchen an, dann nickte sie zu Babe hinüber. »Sie auch. Sie hat Hunger, und die Jungen brauchen sie.«

»Sie wird dir schon nachkommen, wenn du ihre Kätzchen hineinbringst«, sagte Tante Esta. »Mach dir ihretwegen keine Sorgen. Ich habe den Eindruck, daß sie sehr gut auf sich selber aufpassen kann.«

Den Karton mit den Kätzchen unter dem Arm, steuerte Skye auf das Haus zu, wobei sie vermied, Tante

Esta oder die Cousinen anzusehen. Wie vorhergesagt, folgte Babe ihr.

»Deine Grandma Abby hat nie Tiere in ihrem Haus geduldet, Sis«, protestierte Grandpa. »Katzen mußten bei ihr immer draußen bleiben. Sie würde einen Anfall kriegen, wenn sie wüßte, daß in ihrem Haus lauter Katzen herumkriechen.«

»Abby ist tot«, sagte Tante Esta, als wäre damit die Diskussion beendet. »Skye, nicht so eilig. Warte einen Augenblick, ich wollte dir noch was sagen. Ein paar von uns kommen morgen herüber, um Hausputz zu machen, und ich erwarte, daß du da bist und uns hilfst.«

Sie wandte sich an Grandpa. »Jetzt wollte ich erst mal nachsehen, welches Putzzeug du seit Abbys Tod noch nicht weggeworfen hast.«

»Blablabla«, erwiderte Grandpa.

Skye blieb stehen und hob eine Schulter, um sich ihre schon wieder laufende Nase daran abzuwischen. »Das Haus ist auch so schon sauber genug. Grandpa hält es richtig ordentlich.«

Tante Esta kam zu ihr, hob den Rand ihrer Schürze und wischte Skye damit das Gesicht ab, wie man es bei kleinen Kindern tut. Skye hoffte nur, daß Denise und Lee Esther überraschend erblindet waren, so daß sie es nicht gesehen hatten. »Laß dir mal was zu diesem Haus sagen«, sagte Tante Esta. »Mein Großvater – der auch der Großvater von Belva, Vernell und deinem Grandpa war – hat dieses Haus erbaut. Du bist die fünfte Generation, die es ihr Zuhause nennt.«

Skye machte Anstalten zu sagen, daß sie es überhaupt nicht ihr Zuhause nannte, aber Tante Esta fuhr unbeirrt fort.

»Unser Vater wurde hier geboren. Dein Grandpa und ich, Belva und Vernell sind auch hier geboren. Dein Grandpa hat deine Grandma Abby als Braut hergebracht, und deine Mutter ist auch hier geboren. Du übrigens auch.«

Skye wußte, daß sie hier geboren war, aber es war nie ihr Zuhause gewesen.

Tante Esta sprach immer noch. »Dieses Haus ist ein Teil von uns allen. Seit es erbaut wurde, ist es jeden Sommer vom Speicher bis zum Keller geschrubbt, gebohnert und abgestaubt worden. Deine Grandma Abby lebt leider nicht mehr, und jetzt kümmert es deinen Grandpa herzlich wenig, ob ihm das Haus über dem Kopf zusammenbricht, aber ich werde mich jeden Sommer um dieses Haus kümmern, wie es sich gehört, bis ich zu alt bin, um einen Schrubber zu halten. Der Himmel weiß, daß es vor Reannas Hochzeit hätte geputzt werden müssen, aber sie hat uns ja nicht mal eine Woche im voraus Bescheid gegeben.«

Tante Esta stieß einen tiefen Seufzer aus. »Wir sind morgen früh um acht hier, also sei dann bitte fertig.«

Es blieb nicht viel zu sagen außer: »Ja, Tante.« Skye konnte jetzt sowieso nicht fort, bis sie nicht alle Kätzchen irgendwo untergebracht hatte. »Ich helfe mit, wenn du mir zeigst, was ich machen soll«, fügte sie hinzu.

»Ich kann nur sagen, es ist ein Segen, daß du endlich mal lange genug von deiner flatterhaften Mutter wegkommst, um das eine oder andere Sinnvolle zu lernen«, bemerkte Tante Esta.

»Ja, Tante«, sagte Skye noch mal. Es ärgerte sie, daß Tante Esta so über Reanna sprach. Aber immerhin war es Tante Esta gewesen, die die Kätzchen gerettet hatte, also fand Skye, daß sie wenigstens höflich und nett zu ihr sein konnte.

Sie wandte sich wieder dem Haus zu, und Tante Esta folgte ihr, weil sie, wie sie sagte, im Keller nachsehen wollte, ob noch Eimer und Wischlappen da waren. »Denise und Lee Esther kommen auch morgen«, erklärte sie. »Vielleicht bist du morgen eher bereit, mit ihnen zu sprechen. Du kannst auch deinen kleinen Freund fragen, ob er mithelfen will, aber es ist besser, wenn du zuerst Sweetie um Erlaubnis bittest.«

Skye wurde rot. Das war wirklich die schlimmste Demütigung von allen, mit Jermer in einen Topf geworfen zu werden, als wolle sie nichts ohne ihn tun. Damit hätten Lee Esther und Denise noch etwas, was sie bei den übrigen Cousins und Cousinen weitertratschen konnten, zusätzlich dazu, daß Skye wie ein Kleinkind wegen ein paar Katzen geheult hatte.

Nachdem Tante Esta und die Cousinen weggefahren waren, entschuldigte sich Grandpa dafür, daß er die Katzen hatte fortschaffen wollen. »Ich hab' nicht gewußt, daß sie dir so wichtig sind, Sis. Ich denke, es ist in Ordnung, wenn du sie behältst, bis sie alt genug sind, um weggegeben zu werden. Aber daß du mir ja ihren Dreck hinter ihnen aufwischst.«

»Danke, Grandpa«, sagte Skye, als er wieder zur Scheune ging.

Jermer half Skye dabei, die kleinen Kätzchen abzutrocknen, und jammerte dabei unentwegt wegen seiner regendurchweichten Spiele. Nachdem Skye Babe etwas zu fressen gegeben hatte, holte sie ein paar alte Lappen, um den Schlamm von einigen der Spiele abzuwischen. Aber die *Uno*-Karten waren nicht mehr zu retten. Jermer packte sie in eine Plastiktüte, die er mitnahm, als er und Skye zu Sweeties Haus hinübergingen, um zu fragen, ob er am nächsten Tag beim Hausputz mithelfen durfte.

Babe und die Jungen schliefen tief und fest in dem warmen Karton in einer Ecke der Küche, als sie die Tür hinter sich zumachten. Da sowohl Grandpa als auch Tarzan in der Scheune waren, entschied Skye, daß sie die kleine Familie ruhig für ein Weilchen alleinlassen konnte.

Es wäre einfach gewesen, Sweetie anzurufen, aber da gab es ein Problem. Sweetie hatte kein Telefon. Skye wußte nicht, warum. Sie hatte Jermer einmal danach gefragt, aber er hatte nur mit den Schultern gezuckt und gesagt, daß sie keins brauchten, weil sie sowieso niemals angerufen wurden. Skye hatte ihn gefragt, wie denn auch jemand anrufen sollte, wenn sie kein Telefon hatten, aber Jermer hatte nur wieder mit den Schultern gezuckt. Das war noch so etwas, wonach sie Sweetie irgendwann mal fragen mußte, genauso wie nach dem kleinen Holzhaus, in dem sie und Jermer wohnten und das aussah, als wäre es so alt wie die Hügel dahinter.

Sweetie holte gerade frisch gebackenes Brot aus ihrem altmodischen Holzofen, als Skye und Jermer bei ihrem Haus anlangten. Heute trug sie wie üblich ihre verwaschenen Jeans mit einem übergroßen Hemd. Die Haare hatte sie mit einem blauen Tuch zurückgebunden.

»Setzt euch doch«, sagte sie, nachdem sie ihr Bedauern über Jermers ruinierte Karten geäußert hatte. »Eßt was.« Sie säbelte mit einem großen Messer dicke Scheiben von einem der frischen Brote ab.

Der Duft brachte Skyes Magen zum Knurren. Sie hatte genug Zeit, um zum Essen dazubleiben. Die Kätzchen waren erst mal versorgt. Außerdem gefiel es ihr sehr in Sweeties Haus. Ein Telefon war nicht das einzige, was Sweetie nicht hatte. Sie hatte auch keinen Fernseher, nicht mal elektrisches Licht, obwohl von der Überlandleitung Drähte zu ihrem Haus abzweigten. Als Beleuchtung benutzte sie ein paar alte Kerosinlampen, die, wie sie sagte, ihrer Großmutter gehört hatten. Auch jetzt hatte sie eine davon angezündet und mitten auf den großen runden Eichentisch gestellt, weil das Regenwetter den Tag so trübe machte. In dem Lampenlicht sah der Raum freundlich und gemütlich aus.

Die dicken Brotscheiben, von denen Sweeties selbstgemachte Butter troff, waren warm und lecker und tröstlich. Skye entspannte sich richtig, während sie an dem großen Tisch mit Sweetie und Jermer aß. Ehe sie sich versah, erzählte sie schon von den Kätzchen und davon, wie sie gerettet worden waren, und daß sie versprochen hatte, die Verantwortung für sie zu übernehmen.

»Ich hab sie richtig gern, Sweetie«, sagte sie. »Sie sind so klein und hilflos.« Sie erzählte von Floyd, wie stämmig er war, und von Twinkie, die so frech war und fauchte, obwohl sie kaum größer als ein Daumen war, und von Oh, der aussah, als hätte er eine Latzhose an.

»Ja, ja.« Sweetie seufzte. »All die vielen, weichen, lieben Wesen, um die man sich kümmern muß.«

Skye biß wieder von dem warmen Brot ab. »Es wird schwer sein, auch nur eins davon wegzugeben ... Sweetie, wie lange müssen junge Katzen bei ihrer Mutter bleiben? Ich glaube, sie sind jetzt fast einen Monat alt.«

»Sie müssen gesäugt werden, bis sie groß genug sind, für sich selbst zu sorgen«, antwortete Sweetie.

»Sechs Wochen sind das mindeste. Wenn sie alt genug sind, wirst du schon in der Schule sein. Vielleicht will ja einer deiner Klassenkameraden ein oder zwei Kätzchen. Und wenn wir gerade von der Schule sprechen — du mußt demnächst angemeldet werden.«

Skye schüttelte den Kopf. »Ich bleibe nicht hier, bis die Schule anfängt. Reanna und Bill kommen bald wieder, um mich abzuholen.«

Sweetie betrachtete sie so lange, daß Skye ganz unbehaglich zumute wurde. Dann sagte Sweetie. »Hat dir dein Großvater denn noch nicht den Brief gegeben, den Reanna für dich zurückgelassen hat?«

»Ein Brief? Nein, er hat mir keinen Brief gegeben.« Skyes Unbehagen wuchs. »Was für einen Brief?«

Sweetie stand auf und trat zur Anrichte, wo sie noch mehr Scheiben von dem immer noch dampfenden Brot abschnitt. »Hier, ich gebe dir ein Stück für zu Hause mit. Wenn du wieder dort bist, sagst du deinem Grandpa, daß es höchste Zeit wird, dir den Brief zu zeigen. Er hätte ihn dir eigentlich schon gestern abend geben müssen.«

»Kannst du zum Begräbnis bleiben?« fragte Jermer.

Etwas Großes, Schweres hatte sich in Skyes Brust breitgemacht. Sie legte den Rest ihrer Scheibe Brot hin. Unmöglich konnte sie mit so einem dicken Klumpen in der Brust weiteressen. »Was für ein Begräbnis?« fragte sie.

»Für meine *Uno*-Karten«, antwortete Jermer. »Ich muß sie beerdigen.«

Skye nickte. Sie würde bleiben. Wieso sollte sie es eilig haben, zu Grandpa zurückzugehen? Sweeties Gesichtsausdruck nach zu urteilen, konnte der Brief nur etwas Unangenehmes enthalten.

8 Grandpa war gar nicht da, als Skye zurückkam. Weder im Haus, wo die alte Küchenuhr leise vor sich hintickte, noch in der Scheune, wo sein graues Pferd die Ohren nach vorn stellte, als es sie sah, und leise wieherte. Der rote Kleinlaster war fort und Tarzan auch.

Vielleicht hatte Grandpa ihr ja einen Zettel hingelegt mit einer kurzen Nachricht, wo er hingefahren war. Skye sah das hoffnungslose Durcheinander von Zeitschriften und alter Post durch, von dem das Telefontischchen überquoll. Wenn sie darunter ganz zufällig den Brief von Reanna fand, schadete es doch bestimmt nicht, wenn sie ihn aufmachte, oder? Sweetie hatte gesagt, Reanna hätte ihr, Skye, den Brief hinterlassen.

Da war ein Stapel alter *Reader's Digests* und eine Menge Durchschläge von Rechnungen, die Grandpa bezahlt hatte, aber kein Zettel von ihm. Auch kein Brief von Reanna.

Enttäuscht setzte sich Skye auf den Küchenfußboden neben den Katzenkarton und beobachtete die Jungen ein Weilchen. Sie versuchte, nicht an den Brief zu denken und daran, was wohl darin stand.

Die Kätzchen waren jetzt alle putzmunter, die Schwänzchen wie Antennen in die Luft gereckt, die blauen Augen hellwach. Sie rasten in ihrem kleinen Heim umher, stolperten über die eigenen Pfötchen, sprangen sich gegenseitig an und stellten sich ab und zu auf die Hinterbeine, um mit den Vorderpfoten den Kartonrand zu erreichen. Es war offensichtlich, daß sie in die Freiheit wollten , und es würde nicht lange dauern, bis sie es schafften, den Karton ohne Hilfe zu verlassen.

Babe war auch im Karton. Sie war dabei, Katzenwaschtag zu halten. Sie lag auf der Seite, hängte die Zunge heraus, und leckte immer das Kätzchen ab, das gerade zufällig vorbeikam. Dabei schnurrte sie, und es machte Skye äußerst zufrieden zu wissen, daß die Katze zum erstenmal seit Tagen, vielleicht sogar seit Monaten, keinen Hunger hatte.

Aber Skye konnte nicht verhindern, daß ihre Gedanken immer wieder zu dem Brief abschweiften. Bestimmt hatte Grandpa ihn irgendwo in seinem Schlafzimmer weggelegt. Warum hatte er ihr den Brief bloß nicht gegeben?

Ob es wohl Herumschnüffelei war, wenn sie in sein Schlafzimmer ging, um einen Brief zu suchen, der rechtmäßig sowieso ihr gehörte? Vielleicht hatte Grandpa ja sogar dort einen Zettel für sie liegenlassen.

Ohne sich noch besonders großartige Gedanken darum zu machen, ging Skye in Grandpas Schlafzimmer, das sich im Erdgeschoß gegenüber der Küche am anderen Ende des Flurs befand, und sah sich erst mal darin um.

Grandpa hatte nichts an dem Zimmer verändert, seit Grandma nicht mehr lebte. Jeden Morgen machte er das Ehebett mit der Quilt-Decke, die Grandma genäht hatte. Skye gefiel die hübsche Decke. Sie war mit lauter Bildern aus der Familiengeschichte benäht. Grandma hatte auf jedem Abschnitt einen Teil ihres Lebens, ausgeschnitten aus buntem Baumwollstoff oder anderem farbenfrohen Material, dargestellt. Ein schmales Haus aus einem weißen Material, abgesetzt mit Stickgarn, nahm einen Abschnitt ein. Auf einem anderen war ein Brautstrauß zu sehen, der angeblich genauso aussah wie der, den Grandma Abby als Braut getragen hatte.

Auf einem Abschnitt fast in der Mitte war die Gestalt

eines Mädchens mit braunem Haar zu sehen. Das war Reanna, und eine kleinere Gestalt mit braunen Zöpfen und blauen Augen sollte Skye mit drei Jahren darstellen. Selbst Tarzan war auf dem Quilt abgebildet.

Die Schlafzimmerfenster hatten blaue Gardinen, und an der Wand, die man vom Bett aus sehen konnte, hing ein Bild von einem Mädchen in einem altmodischen Kleid neben ein paar hohen roten Malven.

Es war die Art Zimmer, die zum Bleiben einlud.

Aber Skye war hier, um einen Brief zu suchen.

Ohne irgendwas zu berühren, sah sie auf allen freien Flächen in dem Raum nach, wobei sie der Versuchung widerstand, auch Schubladen zu öffnen. Das wäre auf jeden Fall Schnüffelei gewesen, und eine Schnüfflerin war sie nicht, jedenfalls keine besonders schlimme.

Sie fand nicht, wonach sie suchte, aber in der lackierten Metalldose auf Grandpas Kommode entdeckte sie was viel Besseres. Dort, zwischen einer Handvoll Münzen und einigen verirrten Bolzen und Nägeln lagen die Schlüssel zu Reannas Auto.

Skye nahm sie heraus, hielt sie in der Hand und ließ einen Finger über die gezackten Ränder gleiten. Hier hielt sie ihre Freiheit in der Hand. Reanna hatte sie bisher nie anderswo als auf leeren Parkplätzen fahren lassen, aber was machte das schon für einen Unterschied bei den wenig befahrenen Straßen von Sheep Creek? Nachts war so gut wie gar kein Verkehr, und dieser Zeltplatz, wo sich Reanna und Bill sicherlich aufhalten würden, war nicht sehr weit weg.

Skye war so überglücklich, daß sie einen kleinen Freudentanz durchs Zimmer aufführte, sich rücklings auf Grandmas Familienquilt fallen ließ, mit den Füßen in der Luft strampelte und lauthals lachte. Sie hoffte nur, daß nicht plötzlich die schnippische Denise oder Lee Esther aufkreuzen würde, während sie hier verrückt spielte.

Sie lag immer noch auf der Quilt-Decke, als sie Grandpas Kleinlaster im Hof hörte. Skye legte die Schlüssel zurück in die Dose und lief eilig in die Küche. Als Grandpa hereinkam, saß sie auf dem Fußboden und sah den Kätzchen zu.

Er entschuldigte sich bei ihr. »Tut mir leid, Sis. Ich mußte mir ein paar Werkzeuge ausborgen gehen. Ich hatte gedacht, ich wäre vor dir zurück.« Er wusch sich die Hände am Spülbecken. »Ich mache uns jetzt ganz schnell was zu essen.«

»Sweetie hat mir etwas von ihrem selbstgebackenen Brot mitgegeben.« Skye zeigte auf das in Plastikfolie gewickelte Stück Brot auf der Anrichte.

»Wie nett von ihr«, meinte Grandpa. »Es wird gut zu dem passen, was ich uns mache.«

»Grandpa«, begann Skye. Sie war unsicher, wie sie den Brief zur Sprache bringen sollte, ohne gleich mit der Tür ins Haus zu fallen. »Sweetie hat gesagt, daß Reanna etwas für mich dagelassen hat.«

»Nicht jetzt, Sis.« Grandpa trocknete sich die Hände an dem makellos sauberen Geschirrtuch ab, das Tante Esta kurz vor der Hochzeit dort hingehängt hatte. »Ich muß erst einen Happen essen, bevor ich über irgendwas rede, was Sweetie gesagt hat.«

Skye verstand nicht, weshalb er nicht das Mittagessen machen und gleichzeitig reden konnte. Sie biß sich auf die Zunge, um nicht mit der Forderung herauszuplatzen, den Brief *jetzt sofort* zu sehen zu bekommen, was ganz schön kindisch geklungen hätte. Außerdem hatte sie das Gefühl, daß sich Grandpa genausowenig

Frechheiten von ihr gefallen lassen würde wie Tante Esta. Sie würde sich halt gedulden und das Thema behutsam zur Sprache bringen müssen.

Sie sah ihm zu, wie er Kartoffeln in eine mit Fett gefüllte Bratpfanne schnippelte. Als er ein paar Eier aus dem Kühlschrank nahm und sie über den Kartoffeln aufschlug, wünschte sie, sie hätte selber etwas zu Mittag gekocht. Sie hätte einen Salat von den Resten aus Grandpas Garten machen können und dann noch eine Tuna-Surprise. Dazu mischte man eine Dose Thunfisch mit einer Dose Champignonsuppe und ein paar gekochten Nudeln und streute frische Kräuter darüber. Es war auch so eins von Reannas tollen Rezepten.

Skye sagte nichts, während Grandpa den Modder in der Bratpfanne wendete und auf zwei Tellern verteilte. Die Eier bildeten einen schleimigen Überzug über den Kartoffeln, aber sie nahm ihre Gabel und fing an zu essen.

Grandpa aß schweigend; die Ellbogen auf den Tisch gestützt, beugte er sich über seinen Teller.

Skye räusperte sich. »Grandpa, wie war Reanna eigentlich, als sie so alt war wie ich?« Das war eine genauso gute Einleitung wie jede andere auch.

Er blickte zu ihr hoch. »Wenn ich das wüßte, Sis. Sie hat hier gelebt und ist in diesem Haus aufgewachsen, aber ich habe keinen blassen Schimmer, wie sie eigentlich war. Sie hat immer gesagt, sie würde ersticken, wenn sie noch eine Minute länger hierbleiben müßte. Sie mochte weder die Farm noch die Berge noch den Ort. Ein Gefängnis hat sie es immer genannt. Ihre Ma und ich haben uns jede erdenkliche Mühe gegeben, sie glücklich zu machen. Aber sie hat nichts darum gegeben. Sie ist abgehauen und hat geheiratet, sobald sie die High School abgeschlossen hatte. Die Ehe hat ein Jahr gehalten, gerade lange genug, daß du geboren werden konntest.«

Das war der längste Vortrag, den Skye je von ihrem Großvater gehört hatte. Das interessanteste daran war für Skye die Erwähnung ihres Vaters. Reanna sprach nie von ihm. Skye wußte, wie er hieß — Scott McCabe — und daß er groß war und braune Haare hatte, aber das war auch so ziemlich alles, was sie an Informationen über ihn hatte. Als sie noch kleiner gewesen war, war hin und wieder eine Karte von ihm angekommen, wenn sie Geburtstag gehabt hatte, aber Reanna hatte ihr nie erlaubt, ihm zurückzuschreiben, nicht mal ihre derzeitige Adresse durfte sie ihm geben. Obwohl das kaum etwas ausgemacht hätte, so viel, wie sie immer herumgezogen waren.

»Mein Dad«, sagte Skye. »Grandpa, wie war denn mein Dad?«

Grandpa spießte ein Stück Bratkartoffel mit der Gabel auf. »Er war ein ganz netter Kerl. Am liebsten hat er getanzt oder ist in diesem roten Cabrio rumgeflitzt, das er hatte. Das flotteste Auto in der ganzen Stadt, was wahrscheinlich auch der Grund war, weshalb Reanna sich überhaupt für ihn interessiert hat. Am Abend nach ihrem Schulabschluß ist sie bei ihm eingestiegen, und sie sind einfach auf und davon gefahren.«

Er steckte sich ein Stück Kartoffel in den Mund und kaute, als wollte er damit zeigen, daß alles erzählt war. Das konnte Skye nur recht sein, weil ihr nicht besonders gefiel, was er über Reanna gesagt hatte. Wenn Scott McCabe wirklich so nett war, hatte sich Reanna vielleicht deshalb für ihn interessiert, und nicht, weil er ein tolles Auto hatte. Und wenn er wirklich so ein netter junger Mann war, weshalb hatte er sie beide dann sitzenlassen?

Oder war es Reanna gewesen, die ihn sitzengelassen hatte?

Skye stocherte in ihrem Essen herum. Jetzt, nachdem Grandpa seine paar Happen gegessen hatte, war er vielleicht bereit, ihre Frage zu beantworten. »Grandpa, Sweetie hat mir gesagt, daß Reanna einen Brief für mich dagelassen hat.«

»Sweetie hätte lieber ihren Mund halten sollen«, erwiderte Grandpa. Er kaute weiter.

»Ich würde den Brief gern haben, Grandpa.«

»Ich werde dir erzählen, was drinsteht, sobald du es wissen mußt.«

»Ich muß es jetzt sofort wissen.«

»Nicht jetzt, Sis. Warte noch ein, zwei Tage ab.«

»Der Brief ist für mich«, sagte Skye. »Reanna hat ihn für mich dagelassen. Du hast kein Recht, ihn zurückzuhalten.«

Jetzt blickte Grandpa auf. Sein Gesicht wurde rot. »Jemand, der schon so lange auf der Welt ist wie ich, weiß vielleicht ein bißchen mehr als ein dummes kleines Mädchen. Es ist besser für dich, wenn du den Brief nicht jetzt sofort siehst. Leb dich erst mal für ein paar Tage mit den Katzen ein, dann zeige ich ihn dir.«

Skye spürte, daß sie selber auch rot wurde. »Und wie soll ich an irgendwas anderes denken können, während ich herumsitze und darauf warte, daß deine paar Tage umgehen? Wenn Reanna einen Brief für mich dagelassen hat, wollte sie bestimmt, daß ich ihn auch lese.«

Grandpa sah sie an, die Faust mit der Gabel darin auf die Tischplatte gestemmt. »Du bist genau wie sie. Dickköpfig und eigensinnig.«

»Wie ist es mit vorlaut?« schrie Skye. »Tante Esta hat gesagt, ich wäre vorlaut wie Reanna.«

Grandpa nickte. »Das auch.«

Skye stand auf. »Gibt es hier denn niemand, der ein gutes Wort über Reanna sagen kann? Kein Wunder, daß sie von hier weg wollte, wenn alle sie so schrecklich gefunden haben.«

Langsam wich das Rot wieder aus Grandpas Gesicht. »Es tut mir leid, Sis«, sagte er. »Jetzt bin ich mit dir genauso umgesprungen wie damals mit ihr. Das wollte ich nicht.« Er legte die Gabel hin und legte beide Hände flach auf den Tisch. »Reanna hat viele gute Seiten. Wenn sie will, kann sie richtig schwer arbeiten. Und intelligent ist sie auch. Wir haben sie geliebt, Sis. Ihre Ma und ich. Besonders gut verstanden haben wir sie nicht, aber wir haben sie geliebt.«

Er sah auf seinen Teller, nahm dann ein Stück von Sweeties Brot und tunkte damit den Rest von seinem halbgaren Ei auf. »Es ist richtig, Reanna hat einen Brief für dich dagelassen. Sie hat gesagt, ich sollte ihn dir nur geben, wenn du dich nicht damit abfinden kannst, hierzubleiben. Ich dachte, vielleicht würdest du dich so sehr für die Katzen interessieren, daß du von selber auf die Idee kommst...«

Er redete nicht aus, auf was für eine Idee sie hatte kommen sollen. Statt dessen steckte er sich das triefende Stück Brot in den Mund, schob seinen Stuhl zurück und stand auf, um in sein Schlafzimmer zu gehen.

Skye setzte sich wieder. Sie war sich jetzt sicherer denn je, daß sie möglichst schnell von hier weg wollte, genau wie Reanna damals.

9

Aus dem Schlafzimmer hörte Skye das Klimpern von Schüsseln. Hatte sie vielleicht irgendeine Spur hinterlassen, einen Hinweis, daß sie Reannas Autoschlüssel entdeckt hatte? Versteckte Grandpa sie jetzt, damit sie nicht darankam? Ahnte er vielleicht, was sie vorhatte?

Wenn sie sich ganz weit nach links zur Seite beugte, konnte sie durch den Flur in Grandpas Schlafzimmer sehen. Grandpa kniete neben seinem Bett und zog etwas darunter hervor. Skye hatte gar nicht daran gedacht, auch dort nachzuschauen, als sie das Zimmer durchsucht hatte.

Die Schlüssel klimperten wieder, und jetzt wußte Skye, daß der Brief weggeschlossen gewesen war. Auf einmal wünschte sie, sie hätte gar nicht danach gefragt. Bestimmt enthielt er nur eine Liste von Ermahnungen und Verhaltensregeln, an die Reanna sie erinnern wollte. Aber wieso sollte Grandpa so etwas wegschließen?

Er brachte ihr den Brief. Er war an Skye adressiert, und in Reannas nach rechts geneigter Schrift stand darin:

Meine liebe Skye,
Du weißt ja, wie schwer es mir fällt, über meine Gefühle zu sprechen. Ich hoffe, ich kann Dir sagen, was ich Dir zu sagen habe, bevor Bill und ich wegfahren, aber für den Fall, daß ich es nicht schaffe, lasse ich diesen Brief für Dich da.

Skye wollte überhaupt nicht weiterlesen, aber die Worte standen da, und sie konnte den Blick nicht von ihnen wenden. Sie las weiter.

Skye, mein kleiner Schatz, Bill und ich werden für ein ganzes Jahr mit den Nachforschungen für das Buch, von dem ich Dir erzählt habe, unterwegs sein. Wir werden praktisch jede Woche an einem anderen Ort sein. Du weißt selbst, wie schlecht das für Deine Schulbildung wäre.

Wen kümmerte schon die Schule? Dann würde sie eben ein Jahr lang gar nicht hingehen. Skye las weiter.

Deshalb lassen wir Dich für ein Jahr bei Grandpa und der Familie. Bestimmt wird es Dir dort gefallen, Skye. Wenn ich nicht sicher wäre, daß Du Dich dort wohlfühlen wirst, hätte ich Dich nicht dortlassen können. Versuch es wenigstens mal.
Alles, alles Liebe, Reanna.

Alles Liebe. Hätte Reanna sie auch nur ein kleines bißchen liebgehabt, hätte sie sie bestimmt nicht hier an diesem Ort verlassen, den sie selber so verabscheut hatte. Vielleicht war es ja doch nicht Bills Idee gewesen. Vielleicht war Reanna ganz von allein darauf gekommen. Vielleicht war sie es leid, Skye immer mit sich herumzuschleifen. Vielleicht schämte sie sich ja, eine so große Tochter zu haben, die sie älter erscheinen ließ, als sie sein wollte.

Skye spürte, daß Grandpa sie beobachtete. Sorgfältig zerriß sie den Brief in schmale Streifen, dann zerriß sie die Streifen, bis sie nur noch eine Handvoll Konfetti hatte, das sie auf ihre fettigen Essensreste auf ihrem Teller fallen ließ.

»Es tut mir leid, Sis«, sagte Grandpa. »Deine Ma, sie hat es einfach nicht übers Herz gekriegt, es dir zu sagen.

Sie war noch nie gut darin, schwierigen Dingen ins Gesicht zu sehen. Sie hat dich auch wirklich nicht gern hiergelassen, aber die Tanten haben einen ziemlichen Druck gemacht, daß du ein richtiges, festes Zuhause brauchst und mal für längere Zeit in dieselbe Schule gehen mußt. Reanna kann anscheinend nirgendwo lange bleiben. Und dann ist da noch ihr neuer Mann, mit dem sie ja auch ein bißchen Zeit allein braucht.« Grandpa sackte von der Mühe eines zweiten langen Vortrags zusammen, aber er streckte die Hand aus, um ihr unbeholfen die Schulter zu tätscheln. »So ein blöder Brief. Sie hat gedacht, daß du dich vielleicht einlebst und ganz von selbst bleiben willst. Hätte Sweetie den Mund gehalten, wäre es vielleicht auch so gekommen.«

Hätte Sweetie den Mund gehalten, hätte Skye von einem Tag zum anderen Tag in der Hoffnung gelebt, Reanna würde jeden Augenblick zurückkommen, um sie abzuholen. Nach einem Jahr wäre ihr Inneres genauso zerrissen gewesen wie der Brief, den sie gerade zerfetzt hatte.

Wie konnte einer von ihnen erwarten, daß sie hier bei Grandpa leben konnte, wenn er nicht mal sein eigenes Kind verstanden hatte und seine Enkelin erst recht nicht?

Skye wußte genau, was sie tun würde. Sie würde noch heute nacht verschwinden, sobald Grandpa schlafen gegangen war. Sie würde den Karton mit den Katzen im Kombi mitnehmen. Wenn sie Reanna und Bill erst gefunden hatte, würde sie ihnen sagen, daß sie alle Katzen behalten würde, und wenn sie was dagegen hatten, würde sie sie dafür anzeigen, daß sie ein Kind einfach verlassen hatten. Das war in einem der Fernsehfilme passiert, die sie und Reanna gesehen hatten.

Einen Augenblick lang machte sie sich Sorgen, ob sie überhaupt Benzin hatte. Reanna tankte immer höchstens halbvoll, weil sie nie genug Geld hatten, um vollzutanken.

Aber was noch im Tank war, reichte ganz bestimmt aus, um Skye bis zu dem Zeltplatz am Fluß zu bringen, wo Reanna und Bill sein würden.

Zufrieden mit ihrem logischen Gedankengang, entspannte sich Skye erst mal. Jetzt brauchte sie nur noch zu warten, bis Grandpa eingeschlafen war. Den ganzen Nachmittag beschäftigte sie sich damit, daß sie Geschirr spülte und das Haus aufräumte. Sie sah sich die Karte an, die Bill ihr gegeben hatte, und versuchte, sich zu erinnern, welche die richtige Straße zu dem Zeltplatz war. Auf der Karte sah es einfach genug aus. Aber all diese verwirrenden Täler und kleinen, namenlosen Sträßchen beunruhigten sie.

Und wenn Reanna und Bill nun schon weitergefahren waren? Welchen Weg sollte Skye dann einschlagen, wenn sie nach Preston kam? Auf der Karte sah sie, daß von dort Straßen in alle Richtungen abzweigten.

Sie ging einfach davon aus, daß sie noch auf dem Platz am Fluß waren. Das wichtigste war erst mal, sich überhaupt in Bewegung zu setzen.

Nach dem Abendessen, das nur aus Brot und Käse und Milch bestand, nahm sich Skye den Papierberg vor, der sich auf dem Telefontischchen türmte. Sie stapelte die alten Zeitschriften, damit die Tanten sie mitnehmen konnten, oder wer immer sie gebrauchen konnte.

Dann legte sie die Zahlungsbelege ordentlich in einem Kasten, den sie gefunden hatte, ab. Die Reklamesendungen warf sie weg.

Sie hinterließ einen Ort gern ordentlicher, als sie ihn vorgefunden hatte. Das hatten Reanna und sie immer getan.

Dieser Abend mußte natürlich einer der seltenen sein, an denen Grandpa ewig aufblieb. Er kramte herum, bis es Zeit für die Spätnachrichten war, dann setzte er sich vor den Fernseher und schnarchte sogar ein wenig während der Sportberichte.

Skye schlich sich immer wieder nach unten, um die Lage zu peilen. Bei einem dieser Male ging sie auf Zehenspitzen in Grandpas Schlafzimmer und nahm die Autoschlüssel aus seiner lackierten Dose, wobei sie ganz vorsichtig war, damit das Klimpern ihn nicht aufweckte. Sie steckte sie in eine ihrer Jeanstaschen, nachdem sie sie vorher in ein Papiertaschentuch gewickelt hatte, damit sie ja kein Geräusch machten, wenn sie sich bewegte.

Ihr Seesack war fertig gepackt, und sie hatte sich eine Tüte mit Essensresten für Babe zurechtgelegt und ein paar Konserven und Kräcker für sich selbst.

Als letztes mußte sie Grandpa noch einen Brief schreiben.

Viel schrieb sie nicht. Bestimmt war er erleichtert, wenn er sie los war. Sie begann mit: *Lieber Grandpa.* Und dann schrieb sie nur: *Ich bin Reanna suchen gefahren. Ich kann nicht für ein ganzes Jahr hierbleiben.* Dann unterschrieb sie mit: *Deine Enkelin Skye.*

Sie faltete den Zettel zusammen, schrieb *An Grandpa* obenauf und legte ihn direkt neben das Paket mit dem Knusperweizen auf den Küchentisch.

Sie sorgte sich ein wenig, wie sie an Geld kommen

sollte, wenn sie Reanna und Bill nicht gleich auf Anhieb fand. Die Lebensmittel, die sie mitnahm, würden nicht ewig reichen, und dann würde sie auch tanken müssen.

Aber sie hatte fast zehn Dollar, und selbst wenn Reanna und Bill nicht auf dem Zeltplatz waren, konnten sie kaum weiter entfernt sein, als eine Tankfüllung ausreichen würde. Nicht bei dem schlechten Wetter und allem.

Endlich, genau nachdem die alte Küchenuhr zwölf geschlagen hatte, ging der Fernseher aus, und Skye hörte Grandpas Schritte in Richtung Schlafzimmer schlurfen. Es dauerte nicht lange, und das Schnarchen ertönte wieder. Grandpas Schnarchen war laut genug, um die Fensterscheiben in ihren Rahmen zu erschüttern. Er würde auch dann nicht wach werden, wenn sie den Motor anließ.

Skye lief mit ihrem Seesack nach unten, brachte ihn zum Kombi hinaus und verstaute ihn so, daß sie gut an ihn herankam. Tarzan bellte sie an, aber sie beruhigte ihn mit ein paar Worten. Schwanzwedelnd kam er zu ihr, um nachzusehen, was sie tat, steckte seine große Schnauze ins Wageninnere und beschnüffelte den Seesack. Skye legte Tarzan an die Kette, die an dem Lampenmast für die Außenbeleuchtung befestigt war, und versprach ihm, daß sie ihn losmachen würde, bevor sie endgültig wegfuhr.

Sie verstaute die Tüten mit den Lebensmitteln und eine Kiste mit Katzenstreu für Babe, dann füllte sie einen Behälter mit Wasser und verstaute auch den hinten im Auto. Reanna sagte immer, daß man nirgendwohin ohne Wasser fahren sollte.

Als letztes trug sie den Karton mit den Kätzchen hinaus. Sie schliefen, zu einem einzigen Fellknäuel in einer

Ecke zusammengerollt, und wurden auch nicht wach, als Skye ihre warmen kleinen Körper berührte.

Babe, die sich nicht gern auf dem Arm tragen ließ, folgte Skye auf den Fersen. Sie war um ihre Jungen besorgt, fauchte Tarzan an, der sie von seiner Kette aus verbellte, und war überhaupt nicht mit der Unterbrechung ihrer Nachtruhe einverstanden. Sie wollte auch nicht in den Kombi. Mißtrauisch betrachtete sie ihn und miaute entrüstet, als Skye sie hochhob und hineinsetzte.

Jetzt war also alles startbereit. Der Regen hatte nachgelassen, und es nieselte nur noch ein wenig, also würde Skye gut sehen können. Alles klappte wie am Schnürchen.

Nur daß das Auto nicht anspringen wollte. Als Skye den Zündschlüssel drehte, gab der Motor nur ein kränkliches Prr-r-r-r von sich, und auch das erstarb nach kurzer Zeit, so daß in der nächtlichen Stille nur noch das Zirpen der Grillen und Babes Miauen zu hören war. Und Tarzans Gewinsel, weil Skye vergessen hatte, ihn wieder von der Kette loszumachen.

10

Skye saß eine ganze Weile reglos in dem nutzlosen Auto und starrte auf die tröpfelnden Pappeln hinaus. Reanna sagte immer, daß nichts so zählte wie die Freiheit. Sie sagte, Geld, schöne Kleider, elegante Häuser – gar nichts davon zählte, wenn man nicht frei war.

Skye saß so sicher in der Falle, als hätte jemand sie an die Kette gelegt, so wie sie es mit Tarzan gemacht hatte.

Im hinteren Teil des Wagens bearbeitete Babe verzweifelt die Fensterscheiben mit den Krallen und verlangte lautstark, hinausgelassen zu werden. Die Jungen wurden wach. Sie hörten, in welcher Panik ihre Mutter war, und krabbelten hektisch in ihrem Pappgefängnis herum.

Was blieb ihr anderes übrig, als sie alle ins Haus zurückzuschaffen und sie nach Möglichkeit zu beruhigen? Skye würde sowieso nirgendwohin fahren, jedenfalls heute abend nicht.

Nachdem sie die Katzen wieder hineingebracht hatte, zerriß sie den Brief, den sie an Grandpa geschrieben hatte, und ging dann nach oben. Aber statt sich ins Bett zu legen, breitete sie ihre Karte aus und betrachtete sie noch mal, während um sie herum das alte Haus ächzte und knarrte. Welchen Weg würden Reanna und Bill einschlagen, wenn sie ihren Zeltplatz verließen? Wie sollte Skye sie jetzt noch finden?

In der Stille der Nacht schlug die alte Küchenuhr dreimal, als Skye alles vor den Augen verschwamm und sie einschlief.

Jermer weckte sie. Vom Fuß der Treppe aus rief er: »Skye, Skye! Aufstehen!«

Was hatte er hier mitten in der Nacht verloren?

Als es Skye endlich gelang, ein Auge aufzumachen, sah sie, daß es gar nicht mehr mitten in der Nacht war. Ganz im Gegenteil, ihr Wecker auf dem Nachttisch verriet ihr, daß es schon fünf vor acht war.

»Skye!« brüllte Jermer.

Konnte das Kind denn nie zu Hause bleiben? Hatte Sweetie keine Aufgaben für ihn bei sich zu Hause, vor allem dann, wenn andere Leute schlafen wollten?

»Skye!« rief er noch mal. »Tante Esta wird bald hier sein.«

Der Hausputz! Das hatte Skye total vergessen.

Sie stand auf und zog sich schnell an. Auf keinen Fall wollte sie sich von Tante Esta um diese Zeit im Bett erwischen lassen. Und erst Denise und Lee Esther — bestimmt kamen sie auch, und wenn die beiden sie im Schlafanzug antrafen, würden sie ihr das ewig aufs Butterbrot schmieren. Warum nur hatte Grandpa sie nicht geweckt? Grandpa war nirgends zu sehen, als sie nach unten kam, aber Jermer saß neben dem Katzenkarton, seinen blauen Rucksack neben sich.

»Oh will raus«, sagte er. Er zeigte auf den kleinen Oh, der hoch genug springen konnte, um sich mit den Vorderpfötchen an der Oberkante festzukrallen, es dann aber nicht schaffte, sich ganz daran hochzuziehen.

Skye langte in den Karton, nahm Oh hinaus und setzte ihn auf den Fußboden. Das Schwänzchen wie eine Antenne in die Luft gereckt, sauste er quer durch die Küche. »Er will einfach irgendwohin«, bemerkte sie, fügte aber nicht hinzu, daß sie genau wußte, wie ihm zumute war. Hundemüde von ihrer viel zu kurzen Nacht gähnte sie und ging zum Kühlschrank, wo Babe saß und höflich auf ihr Frühstück wartete.

Jermer rutschte dem kleinen Kätzchen auf dem Hosenboden hinterher. »Ich auch«, sagte er. »Ich will auch irgendwohin.«

Das überraschte Skye. Sie hätte gedacht, daß Jermer vollkommen zufrieden bei Sweetie war. Aber warum schleppte er dann immer diesen Rucksack mit sich herum?

»Wohin willst du denn?«

Jermers Gesicht nahm den verwirrten Ausdruck an, der Skye allmählich schon vertraut war. »Ich weiß nicht so genau. Zum Snake River, glaube ich.«

Sie erinnerte sich, daß er schon mal vom Snake River gesprochen hatte. »Wieso willst du denn dorthin, Jermer?«

Seine Stirn legte sich wieder in Falten. »Ich glaube, ich habe vergessen wieso.«

Skye öffnete den Kühlschrank, fand darin ein paar Essensreste für Babe, ging dann zum Tisch und schüttete sich Schokopops in eine Schüssel. »Ich frage mich schon länger, warum du immer deinen Rucksack bei dir hast«, sagte sie. »Was hast du da eigentlich drin?«

»Sachen, die ich brauche, wenn ich weggehe«, antwortete Jermer. »Erdnußbutter. Ein paar gekochte Eier. Solche Sachen halt.« Er wandte sich wieder zum Fenster und verkündete: »Tante Estas Auto ist da. Und noch ein anderes. Es kommen ganz viele.«

Skye schüttete die Schokopops in die Packung zurück. Auf keinen Fall wollte sie hier am Tisch sitzen und Kinderkram löffeln, wenn die Cousins und Cousinen hereinkamen. Wenn sie bis zum Mittagessen zuviel Hunger bekam, würde sie sich einfach eins der gekochten Eier aus Jermers Rucksack ausborgen.

»Orville?« bellte Tante Esta, als sie ins Haus stürmte wie ein General mit ihrer kleinen Armee im Schlepptau. »Orville, wir brauchen heute deine Hilfe hier!«

»Grandpa ist nicht da«, sagte Skye, und ihr wurde klar, weshalb Grandpa sich aus dem Staub gemacht hatte. »Sein Laster ist weg, und Tarzan auch.«

Tante Esta seufzte. »Das sieht ihm wieder mal ähnlich, einfach zu verschwinden.« Sie stellte den Korb ab, den sie hereingebracht hatte und der Eimer, Scheuerbürsten, Putzlappen und eine große Flasche Putzmittel enthielt. »Dann müssen wir unsere Arbeit eben erledigen, wie wir es für richtig halten.«

Skye hatte das Gefühl, daß es auch nicht anders verlaufen wäre, wenn Grandpa dagewesen wäre.

Tante Belva war auch unter denen, die gerade angekommen waren, und sie trat zu Skye, um sie zu umarmen und sie zu fragen, wie es ihr ging. Tante Belva redete längst nicht so viel wie Tante Esta, und man bekam praktisch gar nichts von ihrer Anwesenheit mit, wenn auch Tante Esta in der Nähe war. Skye mochte sie.

»Mir geht's gut, Tante Belva«, antwortete sie.

Tante Belva sah sie aufmerksam an. »Ganz bestimmt, Liebes?«

Ihr Blick war so voller Anteilnahme, daß Skye sie am liebsten in die nächste Ecke gezerrt hätte, um mal so richtig ihr Herz auszuschütten, ihr zu erzählen, wie gern sie wieder bei Reanna sein wollte und wie wenig Grandpa sie verstand. Aber Tante Esta kam herbeimarschiert und sagte: »Komm jetzt, Belva. Laß uns in den Keller gehen und holen, was Orville noch an Putzsachen übrig hat. Meine Güte, man sollte annehmen, daß er bei einem Anfall von Ordnungssinn nützliche Sachen wie Besen und Putzlappen verschonen würde. Abby hatte wenigstens immer einen ordentlichen Vorrat an Putzmitteln.« Immer noch redend, stieg sie die Kellertreppe hinab.

Hinter ihrem Rücken zuckte Tante Belva mit den Schultern und warf Skye ein Lächeln zu, dann folgte sie Tante Esta.

Auf einmal miaute eins der Kätzchen kläglich. Erschrocken drehte sich Skye um. Sie hatte ganz vergessen, Oh in den Karton zurückzusetzen. Ob jemand versehentlich auf ihn getreten war?

Nein. Denise hatte ihn am Nackenfell gepackt und

hielt ihn hoch. »Seht mal, was ich gefunden habe«, sagte sie.

Skye war mit einem Satz bei ihr. »Setz ihn wieder ab«, verlangte sie. Dann, etwas ruhiger, fügte sie hinzu: »Gib ihn mir. Er hat Angst.«

Denise hielt ihn hoch über ihren Kopf. Er miaute noch lauter. »Wie heißt er denn?«

Skye schluckte. »Er heißt Oh.« Ihre Stimme klang piepsig und kindisch.

»Oh?« wiederholte Denise mit einem Grinsen in Lee Esthers Richtung. »Und wie wird das buchstabiert?«

Skye bemühte sich, ganz ruhig zu bleiben. »Einfach nur O-H. Darf ich ihn jetzt bitte haben, Denise? Er gehört mir.«

»Er ist doch nur ein Streuner«, erwiderte Denise. »Ich kann damit machen, was ich will.«

Skye langte nach dem Kätzchen. Diesmal wollte sie ganz bestimmt nicht flennen. Denise wollte ja nur, daß sie wie ein Baby vor all den Cousins und Cousinen losheulte. Den Gefallen würde ihr Skye nicht tun.

Aber Oh miaute wieder, und Skye spürte schon, wie ihr die verflixten Tränen in die Augen traten. Sie wußte, daß Denise es gesehen hatte, denn sie lächelte befriedigt und hielt das Kätzchen noch höher.

»Bitte«, sagte Skye.

»Schluß jetzt, Denise.« Cody, der große Cousin, war gerade hereingekommen. Er sprach in sehr scharfem Ton mit Denise. »Tu sofort, was Skye gesagt hat.«

»Ich wollte der blöden Katze doch gar nichts tun«, verteidigte sich Denise. »Ich habe das dumme Vieh auf dem Fußboden gefunden.«

»Setz ihn zu den anderen Jungen in den Karton«, beharrte Cody.

Denise warf ihm einen wütenden Blick zu. »Du fühlst dich hier wohl als der große Boß, wie?«

Das komische war aber, daß sie Codys Aufforderung Folge leistete. Denise, die Prinzessin aller Prinzessinnen, gehorchte ihrem Bruder und setzte Oh in den Karton zu den anderen Jungen. Dann stolzierte sie durch die Küche zu Lee Esther, um ihr was ins Ohr zu flüstern.

Skye wischte sich schnell die Tränen aus den Augen, bevor sie Cody dankbar ansah.

Die anderen Cousins und Cousinen scharten sich um den Karton, um sich die Jungen anzusehen und sie zu streicheln. Skye sah ihnen besorgt zu. Außer Denise und Lee Esther waren da noch zwei Cousinen, ein Mädchen, das etwas älter war und Junie hieß, und ein anderes, an dessen Namen sich Skye nicht erinnern konnte, und noch zwei Cousins, die etwa neun oder zehn Jahre alt waren.

Von den Müttern war keine dabei. Einige von ihnen hatten einen Job in Preston, wie Skye wußte, und ein paar von ihnen hatten kleine Babys zu versorgen. Die Väter der Cousins und Cousinen und die Männer der Tanten, nahm Skye an, waren mit Farmarbeiten beschäftigt. Sie fragte sich, weshalb Cody nicht bei ihnen war, anstatt hier beim Hausputz zu helfen.

Cody kam zu Skye herüber. »Denise macht es Spaß, andere zu ärgern«, sagte er.

»Das habe ich gemerkt«, antwortete sie, und Cody grinste.

»Sie ist meine Schwester, weißt du«, sagte er.

Das wußte Skye, aber sie hatte noch nicht herausgefunden, zu welchen Familien die anderen Cousins und Cousinen gehörten. Lee Esther, das wußte sie, war eins von Tante Estas Enkelkindern. Skye hatte sich das hauptsächlich deshalb zusammengereimt, weil sie gehört hatte, wie Lee Esther Tante Esta »Grandma« nannte.

»Seid ihr, du und Denise, auch Tante Estas Enkel?« fragte Skye.

Cody verdrehte die Augen und schüttelte den Kopf. »Belva ist unsere Grandma«, antwortete er. »Gott sei Dank«, fügte er dann hinzu, und Skye mußte grinsen.

Man konnte nie vorhersehen, wie sich ein Mensch entwickelte, dachte sie. Tante Belva war einer der nettesten Menschen, die Skye jemals begegnet waren, aber Denise hatte nicht das geringste davon geerbt, Cody aber wohl.

Skyes eigene Grandma war eine häusliche Seele gewesen, aber Reanna wollte mit solchen Dingen gar nichts zu tun haben.

Tante Esta und Tante Belva kamen aus dem Keller zurück und unterbrachen damit Skyes Grübeleien. »Los, los, laßt uns jetzt endlich anfangen«, sagte Tante Esta. »Es ist zu nieselig, um das Bettzeug draußen zu lüften, also werden wir uns heute vor allem damit beschäftigen, die Wände, Fußböden und Schränke sauberzumachen, sowohl oben als auch unten.«

Sie teilte die Aufgaben ein. »Belva, du nimmst Lee Esther, Denise und Skye mit nach oben und fängst dort an. Junie, Lisa und die Jungen, ihr bleibt hier bei mir, und wir machen die Küche und das Eßzimmer.«

Tante Esta sagte »die Jungen«, als könnte sie sich an ihre Namen genausowenig erinnern wie Skye.

Sie war noch nicht fertig. »Cody«, fuhr sie fort, »du beginnst mit dem Wohnzimmer. Schieb alle Möbelstücke in die Mitte und fang damit an, die Wände und die Decke abzustauben. Dazu wirst du die Leiter brauchen.«

Jetzt wußte Skye, weshalb Cody hier war und nicht draußen auf den Feldern. Tante Esta brauchte jemand mit Muskeln, und offenbar war Cody der Ausersehene. Niemand legte sich mit Tante Esta an.

»Und ich?« fragte Jermer. »Was soll ich tun?«

»Ich brauche Hilfe im Wohnzimmer«, sagte Cody. »Ein paar ganz tüchtige Arbeiter. Jermer ist genau richtig.«

Das zu sagen fand Skye sehr nett von ihm. Jermer grinste ganz stolz.

»Und Skye«, fügte Cody hinzu. »Skye brauche ich auch.«

Skye spürte, wie sie rot wurde. Hatte er sie ausgesucht, damit sie sich besser fühlte, nachdem sie sich mit ihrem Geflenne wegen der Kätzchen lächerlich gemacht hatte? Wenn das sein Grund war, konnte er es ruhig vergessen. Sie arbeitete bestimmt nicht mit jemand zusammen, der nur Mitleid mit ihr hatte.

Denise stemmte die Hände in die Hüften. »Wie kommt es, daß ich nach oben gehen und Skyes Zimmer saubermachen muß, während sie hier unten bleiben darf?«

Skye änderte schnell die Meinung. »Ich helfe dir, Cody.« Wenn sie Denise damit ärgern konnte, wollte sie nichts lieber als das tun.

»Tante Esta«, quengelte Denise, »ich will auch im Wohnzimmer arbeiten.«

»Du tust, was ich dir gesagt habe«, erwiderte Tante Esta. »Und jetzt laßt uns anfangen.«

Denise schloß sich den anderen an, aber sie und Lee Esther miauten, während sie die Treppe hinaufstiegen, nur um Skye daran zu erinnern, was für eine Heulsuse sie war.

Und wenn schon. Wozu sollte man Cousinen überhaupt beachten?

Cody gab Skye und Jermer ein Zeichen, daß sie ins Wohnzimmer gehen sollten, und folgte ihnen, wobei er vor sich hinsummte und irgendwas mit seiner Nase anstellte, so daß sich sein Summen irgendwie anhörte wie Dudelsackmusik. Am Eingang blieb er stehen und flüsterte: »Wenn jemand hereinzukommen versucht, kriegt er genau das hier vor die Nase.« Er schlug die Tür hinter ihnen zu.

Jermer kicherte, und Skye grinste unwillkürlich über Codys Übermut. Aber sie war immer noch ein bißchen eingeschnappt, weil er Mitleid mit ihr hatte.

»Wieso hast du mich ausgesucht?« fragte sie abrupt.

Er zuckte mit den Schultern. »Weil heute Freitag ist. Weil es regnet. Weil ich mir an meinem Geburtstag was Gutes tun und mit zwei netten Leuten zusammenarbeiten wollte.«

Jermer schnappte nach Luft. »Du hast Geburtstag! Machst du eine Feier?«

Cody lächelte. »Keine Feier, aber ich habe mit eigenen Augen in Tante Estas Kofferraum einen Kuchen von der Größe eines Footballfeldes gesehen. Wollen wir wetten, daß sie ihn mit sechzehn Kerzen dekoriert und ihn uns zum Mittagessen serviert, zusammen mit ein paar Geburtstagsliedern?«

Skye fühlte sich, als hätten ihre Ohren plötzlich Antennen ausgefahren. Sechzehn! Cody war sechzehn! Das war alt genug, um Auto fahren zu dürfen.

»Hast du schon einen Führerschein?« fragte sie.

»Eine vorläufige Fahrerlaubnis«, erwiderte Cody.

»Ich darf jetzt fahren, wenn jemand dabei ist, der schon den Führerschein hat, aber ich werde bald selber den Führerschein machen. Wenn ich doch nur ein Auto hätte!«

Skyes Herz klopfte ganz schnell. »Ich habe ein Auto. Ich meine, Reanna und ich haben eins.« Sie versuchte, ganz normal zu sprechen. »Reanna hat unseren alten Kombi hiergelassen, und er muß ab und zu gefahren werden.«

Codys Augen leuchteten auf.

»Ehrlich? Meinst du, sie hätte was dagegen, wenn ich ihn fahren würde?«

»Ich frage sie.« Sie erwähnte nicht, daß er sie erst zu Reanna fahren mußte, bevor sie fragen konnte. Das würde sie ihm später sagen. »Aber ich glaube, es ist kaputt. Es springt nicht an.«

»Dann laß uns jetzt gleich hinausgehen und nachsehen.« Cody ging zur Tür.

Als hätte sie den Röntgenblick, rief Tante Esta: »Cody, hast du schon angefangen?«

»Na klar!« rief Cody zurück. Er grinste Skye an. »So ein Mist. Schon wieder nichts. Aber warte nur ab. Wir gehen hinaus und sehen nach, was mit dem Auto los ist, sobald die Zeit gekommen ist.«

Skye hoffte, daß die Zeit bald kommen würde. Sie war ganz zappelig vor Aufregung, nachdem sie jetzt nicht nur ein Auto, sondern auch jemanden hatte, der fast schon fahren durfte.

11 Cody fing an, alte Familienfotos von den Wänden zu nehmen, als hätte er einen solchen Hausputz schon hunderttausendmal erledigt. Man konnte genau sehen, wo die Bilder gehangen hatten, denn darunter sah die alte Tapete fast wie neu aus und war nicht verblichen wie an den übrigen Stellen. Skye fand den Effekt sehr interessant, daß die Bilder die Tapeten so erhielten, wie sie gewesen waren. Es war ein wenig wie mit den Fotos selbst, die ja auch die Erinnerung daran bewahrten, wie Menschen mal gewesen waren.

Sie und Jermer nahmen sich die Putzlappen, die Tante Esta aus dem Keller hochgebracht hatte, und setzten sich auf den Boden, um die Bilder abzustauben. Skye war nach Singen zumute. Bald würde alles wieder gut sein. Wenn Cody das Auto erst zum Laufen gebracht hatte, konnte er sie nach Preston fahren, wo Bill und Reanna sicherlich haltgemacht hatten, um Vorräte einzukaufen. Dann bekamen sie sicherlich einen Hinweis, welche Richtung Bill und Reanna danach eingeschlagen hatten. Vielleicht hatte Bill in dem Laden, wo sie Propangas besorgt hatten, erzählt: »Meine Frau und ich fahren in Richtung Süden weiter.« Oder Norden oder Westen. Bill unterhielt sich gern mit Leuten. Irgend jemand wußte bestimmt, wohin sie weitergefahren waren. Gutgelaunt rieb Skye das Glas über den Fotos mit der Essigwasserlösung blank, die Tante Esta vorbereitet hatte. Es gab hier so viele Fotos. Besonders neugierig machten sie die zwei in ovalen Rahmen, auf denen junge Männer in Armeeuniformen zu sehen waren, und sie fragte danach, während sie sie abstaubte und polierte.

»Einer davon ist unser Urgroßvater Rallison«, erklärte Cody. »Er war der Vater deines Grandpa Orville und meiner Grandma, von Tante Esta und Tante Vernell. Auf dem anderen Bild ist sein Bruder Jack, der 1917 im Ersten Weltkrieg gefallen ist.«

Skye betrachtete das junge Gesicht auf dem Foto. »Das ist aber traurig, Cody.«

»Ja«, stimmte Cody zu. »Grandma sagt, er wäre mit Sweetie Farnsworths Großmutter verlobt gewesen. Nachdem er gestorben war, hat sie aber jemand anderen geheiratet. Wäre er am Leben geblieben, wäre Sweetie jetzt eine Verwandte von uns, und unser alter Jermer wäre auch mit uns verwandt.«

Skye war überrascht. »Heißt das, er ist nicht mit uns verwandt? Er nennt Tante Esta doch auch ›Tante Esta‹. Alle behandeln ihn wie einen Verwandten.«

Cody unterbrach seine Arbeit lange genug, um Jermers Haar zu zausen. »Das liegt daran, daß wir ihn gern haben. Das macht ihn zu unserem Verwandten. Stimmt's, Jermer?«

Jermer kicherte selig.

»Ich dachte auch, daß Sweetie mit zur Verwandtschaft gehört«, sagte Skye. »Sie ist doch bei allen Familiensachen immer mit dabei.«

Cody hängte das letzte Bild ab, dann nahm er einen sauberen Lappen und fing an, die Wand abzustauben. »Man muß nicht unbedingt blutsverwandt sein, um zur Familie zu gehören«, erwiderte er.

»Aber dann ist Jermer . . .«, begann Skye und sah Jermer an, der zu ihr aufblickte. Sie überlegte sich ihre Worte anders. »Jermer, ich nehme an, du bist mit Sweetie verwandt.«

Jermer machte den Mund auf, dann sah er Cody an. »Bin ich das?«

»Klar bist du das, alter Kumpel«, antwortete Cody. »Deine Mutter war die Tochter von Sweetie Farnsworths bester Freundin. Näher verwandt kann man kaum sein.«

»Ich bin verwandt«, stellte Jermer glücklich fest und fuhr fort, das Glas über einigen der Fotos zu polieren.

Für Skye wurde das alles allmählich zu kompliziert. Sie wünschte, Tante Esta würde endlich nach oben gehen oder sonstwas tun, damit sie und Cody hinausschleichen konnten, um nachzusehen, was mit Reannas Auto nicht stimmte.

Inzwischen begnügte sie sich damit, ein Foto in die Hand zu nehmen, auf dem eine junge Frau in einem weißen Kleid neben einem jungen Mann in einem altmodischen Anzug stand.

»Ein Hochzeitsbild«, sagte Cody. »Das sind Tante Esta und Onkel Harvey bei ihrer Hochzeit.«

Er beugte sich vor und nahm ein anderes Foto, um es Skye zu geben. »Hier sind Onkel Orville und Tante Abby an ihrem Hochzeitstag.«

Orville und Abby. Das waren Skyes Grandma und Grandpa. Sie standen zusammen auf einer Art Podest, damit die Schleppe an Grandmas Hochzeitskleid richtig zur Geltung kam, wie Skye vermutete. Grandma Abby trug einen Brautstrauß, der ganz ähnlich aussah wie der auf der Quilt-Decke.

Grandpa trug eine Uniform, eine weiße mit lauter Orden auf der Brust. Ob das bedeutete, daß er bei der Marine gewesen war? Skye hatte nicht mal gewußt, daß er überhaupt am Krieg teilgenommen hatte. Aber das hatte sie ja auch nicht von ihrem Urgroßvater und seinem Bruder gewußt. Überhaupt hatte sie sich bis jetzt immer sehr wenige Gedanken um ihre Verwandtschaft gemacht. Reanna sagte immer: »Die Vergangenheit ist vorbei. Vergiß sie.«

Sie betrachtete wieder das Bild von Grandma Abby und Grandpa. So hatten sie also ausgesehen, bevor Reanna geboren war.

»Hier, schau dir das mal an.« Cody gab ihr ein Bild von einem Baby, das unter einer Decke hervorschaute. Ein süßes Baby, mit großen blauen Augen.

Sie kannte diese Augen. »Das ist Reanna«, sagte sie leise. »Meine Mom. Als sie noch ein Baby war.«

Jermer richtete sich auf die Knie auf, damit er ihr über die Schulter schauen konnte. Sie spürte seinen Atem auf ihrer Wange. »Ist das wirklich deine Mutter?«

»So hat sie jedenfalls als Baby ausgesehen«, antwortete Skye.

Jermer dachte darüber nach. »Kannst du dich noch daran erinnern, daß sie mal so ausgesehen hat?«

Skye lachte. »Da war ich doch noch gar nicht auf der Welt, du Pfeife.«

Jermers Stirn legte sich in Falten, als müßte er sich mächtig anstrengen, das zu verstehen. Dann sagte er: »Warum ist Reanna eigentlich mit diesem Typ weggegangen?«

»Sie haben geheiratet, Jermer.«

»Und wieso haben sie dich nicht mitgenommen?«

Skye schüttelte den Kopf. »Ich weiß nicht.«

»Mein Dad ist auch weggegangen«, sagte Jermer. »Er heißt Jerome.«

Das war das erste Mal, daß Skye ihn über einen seiner Eltern sprechen hörte. »Wieso ist er denn weggegangen, Jermer?«

Er überlegte einen Augenblick, dann antwortete er: »Vielleicht, weil ich ungezogen gewesen bin.« Er stand auf und trat zum Fenster, um hinauszuschauen. »Er ist zum Snake River gegangen.«

Oben fing der Staubsauger an zu brummen, genau der richtige Lärm, der Startversuche beim Auto übertönen würde.

»Cody«, sagte Skye, und als er zu ihr hersah, legte sie eine Hand ans Ohr und klimperte mit den Autoschlüsseln, die sie immer noch in ihrer Hosentasche mit sich herumtrug.

Er verstand, was sie meinte.

»Laß uns gehen«, sagte er und nahm die Schlüssel. »Jermer, du bleibst hier und rufst, wenn du Tante Esta kommen hörst.«

Jermer schob protestierend die Unterlippe vor. »Ich will aber mitkommen.«

»Hör mal, wir brauchen einen Aufpasser«, erwiderte Cody. »Jemand, dem wir vertrauen können. Was meinst du?«

»Also gut, aber versprecht mir, daß ihr ohne mich nirgendwohin fahrt.«

»Glaubst du wirklich, wir würden dich hier einfach im Stich lassen?« fragte Cody. »Wir sind doch die drei Musketiere, Jermer. Wir gehen nirgendwohin ohne dich. Wir wollen uns nur mal kurz das Auto ansehen.«

Jermer sah immer noch mißtrauisch aus, blieb aber zurück, als Cody und Skye in den Nieselregen hinausliefen.

Der Kombi sah bei Tageslicht schlimmer aus als bei Nacht, verrostet, verbeult und schäbig. Aber die Reifen waren in Ordnung. Darauf hatte Reanna immer ganz besonderen Wert gelegt.

Cody stieg ein und steckte den Zündschlüssel ins Schloß. Er drehte ihn.

Nichts geschah.

Er zog an einem Knopf. »Sieh mal nach, ob die Scheinwerfer brennen.«

Skye stellte sich vor das Auto. »Nein, sie sind aus.«

»Die Batterie ist leer«, stellte Cody fest.

Skye sackte in sich zusammen. Leer, tot. Ein Kandidat für Jermers Bemühungen. Vielleicht war es am besten, wenn er gleich die ganze blöde Karre beerdigte.

»Wir könnten es anschieben, und wenn es anspringt, könnten wir nach Preston fahren, um nachsehen zu lassen, ob wir eine ganz neue Batterie brauchen«, sagte Cody.

Also gab es vielleicht doch Hoffnung. »Wieviel kostet denn eine neue Batterie?« Skye wagte kaum zu atmen.

»Ich schätze, etwa sechzig Dollar«, antwortete Cody.

»Sechzig Dollar!« Genausogut hätte er tausend sagen können. Skye dachte an ihre kleine Ansammlung von Münzen. Neun Dollar und siebenundvierzig Cents war alles, was sie besaß.

Aber Cody hatte noch nicht zu Ende gesprochen. »Weißt du was?« fuhr er fort. »Wenn du meinst, Reanna würde mir erlauben, das Auto zu fahren, spendiere ich das, was Tante Esta mir heute bezahlt. Zusammen mit dem, was sie dir zahlt, haben wir schon eine Anzahlung für eine Batterie zusammen.«

Skye sah ihn verständnislos an. »Ich wußte gar nicht, daß Tante Esta uns etwas bezahlt.«

»Sie meint, wir sollten lernen, mit Geld umzugehen, und hier in Sheep Creek gibt's nicht so viele Möglichkeiten, welches zu verdienen. Sie zahlt uns jedem zwei Dollar die Stunde, ob wir das nun verdient haben oder nicht.« Cody gab Skye die Schlüssel zurück. »Wenn wir ganz viel Glück haben, braucht die Batterie bloß aufgeladen zu werden. Wir kriegen diese Karre schon ans Laufen, Skye, du wirst es schon sehen. Alles klar?«

»Alles klar!« Skye hielt das Gesicht in den Regen und lachte laut, denn auf einmal war sie so glücklich, als wären die Regentropfen Sonnenstrahlen. Sie war nicht mehr allein. Cody würde ihr helfen. Cody, ihr Verwandter. Ihr Cousin.

12 Das Geld von Tante Esta half natürlich auch nicht viel weiter. Zunächst mal hatten Skye und Cody nach ganzen sechs Stunden Arbeit nicht mehr als vierundzwanzig zusammen verdient. Das war von sechzig Dollar noch weit entfernt, vor allem, wenn man keine Ahnung hatte, wie man sich sonst noch ein paar Dollar verdienen konnte. Zudem mußten sie nicht nur eine Batterie kaufen, sondern auch noch tanken, und Skye würde außerdem wohl noch ein paar Lebensmittel brauchen, obwohl sie nicht glaubte, daß es Grandpa viel ausmachen würde, wenn sie sich ein paar Dosen mit Schweinefleisch und Bohnen aus dem Regal im Keller nehmen würde. Aber das größte Problem war und blieb, Reanna und Bill überhaupt zu finden.

Nachdem Tante Esta und Tante Belva und alle Cousins und Cousinen mit dem Hausputz fertig und weggefahren waren, lief Skye nach oben, um sich noch mal ihre zerfledderte Karte der westlichen Staaten Amerikas anzusehen. Sie breitete sie auf ihrem Bett aus und studierte sie eingehend, wobei sie zu erraten versuchte, wo Bill am ehesten mit seinen Nachforschungen über Orte mit interessanten Namen beginnen würde. Würden er und Reanna in Richtung Norden nach Pocatello fahren? Oder weiter westlich nach Declo oder Naf? Oder nach Osten über die Berge nach Fish Haven, oder aber zum Salt-River-Gebiet in Wyoming? Oder in südliche Richtung nach Utah, wo sie nach Hailstone und Gooseberry und Thistle gelangen würden?

Allein die Namen der Orte zu lesen, erweckte in Skye ein grenzenloses Verlangen, jetzt sofort bei Bill und Reanna zu sein und auf einer der schwarz-silbernen Harleys mitzufahren.

Mit dem Finger fuhr sie Highways nach und erinnerte sich, wie aufregend es immer gewesen war, an einen neuen Ort voller Geheimnisse und Möglichkeiten zu gelangen. Natürlich hatte es nie so viele Möglichkeiten gegeben, wie Reanna es sich erhofft hatte. Aber für eine Weile waren sie immer geblieben, und Reanna hatte dann als Kellnerin oder Verkäuferin in einem Kaufhaus gearbeitet oder ab und zu auch als Sekretärin, obwohl Reanna nicht gern Schreibmaschine schrieb. Dann, wenn sie wieder etwas Geld zusammen gehabt hatten, waren sie weiter an den nächsten Ort gezogen, wo Reanna zu finden gehofft hatte, wonach sie gesucht hatte, was immer das gewesen sein mochte.

Jermer kam nach oben, während Skye über ihrer Landkarte brütete.

»Ich habe mich schon gefragt, wo du hingegangen bist«, sagte er. »Was schaust du dir denn da an?«

Skye hatte geglaubt, er wäre nach Hause gegangen. Sie hatte überhaupt keine Lust, sich jetzt um ihn zu kümmern. Er umschwirrte sie wie eine lästige Fliege und störte ihr Leben, ihre Gedanken. Am liebsten hätte sie mit den Händen gewedelt, um ihn wegzuscheuchen, aber dann dachte sie wieder daran, wie nett und freundlich Cody immer zu Jermer war, also sagte sie nur: »Eine Landkarte, Jermer. Es ist eine Karte der Westlichen Staaten Amerikas.« Sie zeigte auf einen Punkt in der Nähe der südlichen Grenze Idahos. »Schau mal, das da ist Sheep Creek, wo wir sind. Und dort ist Preston und hier unten in Utah sind Logan und Brigham City.«

Ob Reanna und Bill möglicherweise diese Route eingeschlagen hatten? Bauten sie vielleicht jetzt gerade ihr Zelt auf dem hübschen Zeltplatz südlich von Brigham City auf, auf demselben Platz, wo Reanna und Skye auf ihrem Weg nach Sheep Creek haltgemacht hatten?

Jermers Augen wurden groß vor Staunen, als er die Karte betrachtete. »Ist der Snake River denn auch hier drauf?«

Jermer hatte wirklich kaum was anderes als seinen Snake River im Kopf.

»Hier ist er.« Skye fuhr mit dem Finger eine gewundene blaue Linie nach, die den ganzen Staat Idaho durchschnitt. »Sieh mal, und hier ist er bloß fünf Zentimeter von Sheep Creek entfernt.«

Jermer betrachtete die Karte, dann trat er zum Fenster und schaute hinaus. »Wie sieht er denn aus, Skye?«

Sie dachte an den großen Fluß, der sich zwischen tiefen, dunklen Schluchten hindurchschlängelte. Einmal waren sie und Reanna für ein paar Monate in American Falls geblieben, einer Stadt am Ufer des Snake River. Bei American Falls gab es einen Staudamm, und das Wasser des Snake sammelte sich dahinter zu einem richtigen See.

»An manchen Stellen ist er richtig unheimlich. Jermer, weißt du was? Als der Fluß bei American Falls gestaut wurde, hat man die ganze Stadt weiter nach oben verlegt. Die Häuser, die Geschäfte, die Schule, einfach alles. Dann ist der Snake über die Ufer getreten, und sein Wasser hat das ganze Gebiet unter sich begraben, wo früher die Stadt gewesen war.«

Garantiert waren es solche Geschichten, die Bill für sein Buch suchte. Wieso war sie nicht schon viel eher darauf gekommen, wenn Jermer vom Snake River sprach?

Jermer drehte sich besorgt um. »Haben sie den Friedhof auch verlegt?«

Natürlich mußte sich Jermer Gedanken um den Friedhof machen. »Ich nehme es an.«

»All die Gräber und Särge und alles?«

Der Kleine war richtig unheimlich. »Ich weiß nicht, Jermer. Warum interessierst du dich eigentlich so für den Snake River, Jermer?«

Seine Stirn legte sich in Falten. »Vielleicht habe ich da mal gewohnt. Oder vielleicht hat mir auch Sweetie nur davon erzählt.« Er blickte wieder aus dem Fenster, als befürchtete er, der Snake River könnte plötzlich den Hof überfluten.

Skye holte einen roten Tintenschreiber aus ihrem Seesack und zeichnete einen Kreis um die Stadt American Falls am Snake River. Dann sagte sie: »Komm, laß uns nach unten gehen und uns was Leckeres zu essen machen, Jermer.«

Sie würde ihm ein paar Glorifield Grahams machen. Dazu pappte man jeweils zwei Vollkorn-Kräcker mit Puderzuckerguß zusammen. Jermer hatte eine Belohnung verdient, dafür daß er sie auf die Idee gebracht hatte, wo sie Reanna und Bill finden konnte.

Am Samstag kam eine Postkarte von Reanna. Grandpa gab sie Skye wortlos, als er mit der Post hereinkam. Die Karte war in Paris abgestempelt. Den Ort hatte Skye auf ihrer Karte gesehen; die Stadt lag jenseits der Berge vor Sheep Creek in der Nähe des Bear Lake.

Sie hatten am ersten Tag also gar nicht den Weg genommen, den Skye vermutet hatte. Sie hätte sie niemals gefunden, wenn sie mit Mister Jensen auf dem Milchlaster mitgefahren wäre, und auch nicht einmal, wenn sie mit dem Kombi losgefahren wäre, um sie zu suchen. Es stand nicht viel auf der Postkarte, nur:

Das Zelt ist undicht. Bin froh, daß es endlich zu regnen aufgehört hat. Bill redet mit Leuten über den Bear Lake. Er versucht auch herauszufinden, ob es Einwanderer aus Frankreich waren, die Paris seinen Namen gegeben haben. Heute fahren wir weiter, wahrscheinlich rüber nach Wyoming.
Alles Liebe, Reanna.

Skye war enttäuscht. Reanna interessierte sich nicht im geringsten dafür, wie es ihr hier ging.

Sie holte ihre Karte von oben und zeichnete, während Grandpa schweigend zusah, mit ihrem Stift eine Linie von Paris aus den Verlauf des Highway 89 durch Wyoming nach, durch Smoot hindurch und Afton und Thayne. Diese kleinen Orte befanden sich direkt südlich von der Stelle, wo der Snake River entsprang. Sie war sicher, daß Bill, sobald er den Snake sah, ihm für ein Weilchen folgen wollte.

Andererseits wollte er vielleicht lieber weiter nördlich durch Wyoming nach Moose und Jackson Hole und zum Yellowstone Park fahren.

Sie würde noch ein Weilchen abwarten müssen, bis die nächste Postkarte kam. Bis dahin hatte das Auto bestimmt auch schon eine neue Batterie.

Zumindest dann, wenn ihr bald etwas einfiel, wie sie noch ein wenig Geld verdienen konnte. Cody hatte gesagt, daß es nicht so einfach war, in Sheep Creek Jobs zu finden.

Sie beschloß, ihn anzurufen. Sie wartete ab, bis Grandpa wieder mit seinem Pferd fort war und nahm dann das Telefon mit in die Ecke zu dem Karton mit den Kätzchen, damit sie ihnen zusehen konnte, während sie telefonierte.

Denise meldete sich. »Worüber willst du denn mit Cody sprechen?« fragte sie, als Skye nach Cody verlangte. »Mußt du ihn fragen, wie man *Katze* buchstabiert?«

Skye hörte Geräusche eines leichten Handgemenges, dann sagte Cody: »Hallo?«

Im Hintergrund miaute Denise, während Skye Cody fragte, ob er eine Idee hatte, wie sie an Geld kommen konnte.

»Na ja«, meinte er, »wir könnten die Bank in Preston ausrauben, nur haben wir leider kein Fluchtauto, solange dein Kombi nicht repariert ist, und wir können ihn nicht reparieren lassen, solange wir nicht die Bank ausgeraubt haben.«

Sie lachte nur, um ihm zu zeigen, daß sie seinen Witz verstanden hatte. »Ich meine es ernst, Cody«, sagte sie dann. »Ich möchte Reannas Auto so bald wie möglich ans Laufen kriegen.«

»Das will ich auch«, erwiderte Cody. »In den letzten zwei Wochen habe ich ab und zu für einen der Farmer hier gearbeitet. Ich hoffe, daß er mich morgen bezahlt.

Ich sehe ihn morgen in der Kirche, dann sage ich dir Bescheid.« Er überlegte kurz. »Du könntest herumfragen, ob irgendwo eine Haushaltshilfe gebraucht wird. Oder ein Babysitter oder so was.«

Mehr fiel ihm auch nicht ein.

Nachdem sich Skye bei Cody bedankt hatte, legte sie auf. Sie spielte ein wenig mit den Kätzchen und dachte währenddessen darüber nach, was er gesagt hatte. Mit Babys hatte sie nicht viel Erfahrung, also kam Babysitten nicht in Frage. Aber im Haushalt mithelfen konnte sie. Wen konnte sie da vielleicht fragen? Eine der Tanten? Sie wohnten zu weit entfernt, um zu Fuß hinzugehen, und außerdem waren ihre Haushalte auch so schon makellos.

Sie beschloß, das Problem erst mal beiseite zu schieben, und nahm alle drei Kätzchen aus dem Karton und setzte sie auf den Boden. Twinkie besah sich die große fremde Welt und fauchte. Floyd hatte eine etwas gelassenere Einstellung; er sah sich ohne große Angst, aber auch ohne allzu großes Interesse um.

Aber Oh, das Schwänzchen wie einen Fahnenmast in die Höhe gereckt, machte sich sofort daran, den Wald von Tisch- und Stuhlbeinen zu erkunden. Furchtlos, das war er. Das war ein Begriff, der Skye immer besonders gut gefallen hatte bei den Gedichten, die Reanna ihr oft am Lagerfeuer vorgelesen hatte, während die Monster mit den Reißzähnen im Dunkeln gelauert hatten. Furchtlos wie der junge, tapfere Ritter Lochinvar in dem Gedicht von Sir Walter Scott.

Sie hätte all ihre Batterie-Ersparnisse darauf verwettet, daß weder Lee Esther noch die allwissende Denise jemals von Sir Walter Scott gehört hatten.

Am besten vergaß sie die zwei einfach.

Furchtlos, das würde sie sein müssen. Sie würde gleich jetzt losgehen und Sweetie Farnsworth fragen, ob sie vielleicht für sie arbeiten konnte.

Sweetie war sehr verständnisvoll, aber wenig hilfreich. Sie spielte gerade auf ihrer alten Orgel und sang mit Jermer Lieder, als Skye ankam, aber sie drehte sich auf ihrem Hocker zu ihr herum und hörte zu, während Skye sie nach Arbeit fragte.

»Schau dich ruhig um, Skye«, antwortete sie. »Ich lebe ganz einfach. Hier gibt's nicht so viel zu tun.«

Skye sah sich in dem kleinen Holzhaus um, dessen Böden mit Flickenteppichen bedeckt waren, und betrachtete den großen runden Eichentisch und den altmodischen Holzherd mit dem Schaukelstuhl für zwei davor. Obwohl alles sauber und ordentlich war, machte sich Sweetie nicht die Mühe, ihre wenigen Möbelstücke auf Hochglanz zu polieren, wie das die Tanten taten, und ein bißchen Staub schien ihr auch nichts auszumachen.

»Und wie ist es mit draußen?« fragte Skye. Sweetie hatte einen riesigen Gemüsegarten. Skye konnte Unkraut jäten oder Bohnen pflücken oder Kartoffeln ausgraben.

Sweetie lächelte. »Ich habe kein Geld, um dich zu bezahlen, selbst wenn ich Arbeit für dich hätte.«

Es schien ihr gar nicht peinlich zu sein, sagen zu müssen, daß sie kein Geld hatte, wie das manchen anderen Leuten zu gehen schien. Reanna war genauso.

Der Unterschied war, daß Reanna ihre Freiheit hatte, Sweetie aber nicht. Sweetie war durch Jermer und dieses kleine Holzhaus und den Garten gebunden.

Aber das Holzhaus war freundlich und gemütlich, genau wie Sweetie selbst.

Es duftete nach Sonne und den Pfefferminzpflanzen draußen und der Suppe, die Sweetie auf dem alten Holzherd köcheln ließ.

»Hast du hier schon immer gelebt?« fragte Skye.

Sweetie schien von dem plötzlichen Themenwechsel ein wenig überrascht zu sein, aber sie antwortete: »Nein. Ich bin schon fast überall auf der Welt gewesen. Ich habe früher als Flugbegleiterin für eine internationale Fluggesellschaft gearbeitet.«

»Im Flugzeug!« Skye schnappte beeindruckt nach Luft. Mit dem Flugzeug war man so frei, wie man nur sein konnte — durch die Luft zu fliegen und an jeden Ort auf der ganzen Welt zu gelangen. »Wieso bist du denn hierher zurückgekommen?«

Sweetie zuckte mit den Schultern. »Ich weiß nicht. Aber ich wußte eigentlich schon immer, daß ich mal zurückkehren würde. Nachdem ich lange Zeit geflogen war, starb meine Großmutter und hinterließ mir dieses alte Haus, in das sie als Braut eingezogen war. Also habe ich die Fliegerei an den Nagel gehängt und bin nach Hause zurückgekehrt.«

»War das die, die den Bruder meines Urgroßvaters, der im Krieg gefallen ist, heiraten wollte?« fragte Skye.

»Aber ja«, erwiderte Sweetie. »Woher weißt du das denn?«

»Cody hat es mir erzählt.«

»Cody mag diese alten Familiengeschichten auch. Nichts ist faszinierender als das, was den Mitgliedern deiner Familie widerfahren ist, bevor du selbst geboren warst. In gewisser Weise erfährt man vieles über sich selbst, wenn man weiß, wie sie waren.«

»Sweetie.« Jermer zupfte Sweetie am Ärmel. »Zeig Skye doch mal, wo der Puma am Haus gekratzt hat.«

»Meinst du denn, sie möchte das gern sehen?« fragte Sweetie.

»Ganz bestimmt«, erwiderte Jermer überzeugt.

Skye hatte noch unzählige Fragen zu Sweeties seltsamer Lebensweise. Aber sie ging mit, als Sweetie von dem Orgelhocker herunterglitt und Skye und Jermer ein Zeichen gab, ihr durch die Küche und durch einen schmalen kleinen Raum voller Regale zur Hintertür zu folgen.

»Meine Großmutter hat mir oft erzählt, wie hier früher die großen gelben Schlangen immer in die Speisekammer gekommen sind«, sagte Sweetie.

Beunruhigt sah sich Skye zwischen den Regalen voller Einmachgläser mit Obst und Gemüse und Essiggurken um – vermutlich alles von Sweetie selber eingekocht. Skye mochte keine Schlangen. »Deine Grandma muß sehr mutig gewesen sein«, bemerkte sie, »wenn sie es fertiggebracht hat, Schlangen zu töten.«

»Oh, sie hat sie niemals getötet«, erwiderte Sweetie. »Granny war strikt dagegen, besonders was die Schlangen anging. Immerhin haben sie ihr den Gefallen getan, die Ratten zu fressen.« Sie nahm einen Stock, der neben der Tür lehnte und vorne wie eine Gabel aussah. »Damit hat sie sie immer hochgehoben und wieder hinausgeworfen.«

Während Sweetie durch die Tür und an der Rückwand des Hauses voranging, stellte sich Skye die junge Frau vor, die als frischgebackene Ehefrau in dieses kleine Holzhaus gezogen war, die Frau, die eigentlich die Braut des Bruders von Skyes Urgroßvater hätte sein sollen, wäre der nicht in einem Krieg ums Leben gekommen. Auf einmal erschien sie ihr als ganz reale Person und nicht wie jemand, der schon tot war. Bestimmt hatte sie ganz ähnlich wie Sweetie ausgesehen, und sicherlich hatte sie auch die asthmatische Orgel gespielt, wie Sweetie es jetzt tat.

Bestimmt hatte sie auch ihr Brot in diesem alten Holzherd gebacken, in der warmen gemütlichen Küche, die einen einzuladen schien, sich hinzusetzen und für immer zu bleiben.

»Hier ist die Stelle«, sagte Sweetie. »Hier sind die Kratzer, die der Puma gemacht hat.« Sie zeigte auf mehrere tiefe Furchen in den alten grauen Bohlen, die die Klauen dort hinterlassen hatten.

»Er wollte hinein und die Bewohner auffressen«, sagte Jermer unheilverkündend. »Aber das Haus war zu stabil.« Er klopfte auf die dicken Bohlen, als wolle er sich bei ihnen bedanken.

Sweetie lächelte. »Es war nur ein armes, halbverhungertes wildes Tier auf der Suche nach etwas Eßbarem. Granny hat mir erzählt, daß er, nachdem er lange genug am Haus herumgekratzt hatte, zum Stall weitergegangen ist und dort herumgelärmt hat, so daß die Pferde ganz verrückt geworden sind. Aber alles war fest verschlossen, und irgendwann ist er wieder abgezogen, genauso hungrig wie zuvor.«

Skye schauderte ein wenig bei der Vorstellung, wie es in dem Haus gewesen sein mußte, als der Puma draußen gekratzt hatte. Bestimmt war es, wie am Lagerfeuer zu sitzen, wenn man wußte, daß die Monster mit den Reißzähnen dort in der Dunkelheit lauerten.

Als sie die Furchen betrachtete, hatte sie dasselbe Gefühl wie in Grandpas Wohnzimmer, daß nämlich hier die Vergangenheit festgehalten worden war, so daß man noch genau sehen konnte, was einmal gewesen war.

Als hätte der Gedanke an Grandpa ihn herbeigezaubert, sah Skye ihn plötzlich um eine Ecke von Sweeties Haus biegen. Er saß auf seinem alten grauen Pferd und sah besorgt aus.

»Ah, hier bist du also, Sis«, sagte er. »Ich habe mir richtige Sorgen gemacht, als ich nach Hause kam und du nicht da warst. Ich dachte schon, daß du mir vielleicht ausgerückt bist, um deine Ma zu suchen, so ernsthaft, wie du immer über deine Landkarte gebeugt dagesessen hast.«

Ob er wohl den Verdacht hatte, daß es genau das war, was Skye vorhatte? Sie war nicht sicher. »Ich bin nur hergekommen, um ein wenig mit Sweetie zu reden, Grandpa«, erklärte sie. »Ich habe vergessen, dir einen Zettel dazulassen.«

»Schon gut«, erwiderte Grandpa. »Ich hatte nur den Eindruck, daß du ein bißchen traurig warst, nachdem diese Postkarte gekommen war.«

Skye war überrascht, daß er das bemerkt hatte. »Von mir aus können wir jetzt nach Hause gehen«, sagte sie. »Ich wollte sowieso jetzt zurück.«

»Bevor ihr geht, könnte ihr aber ruhig noch etwas von meiner Suppe mitessen«, schlug Sweetie vor. »Es ist viel mehr da, als Jermer und ich essen können.«

Also band Grandpa sein Pferd an einer Pappel fest, und dann gingen sie hinein und setzten sich um den großen runden Eichentisch in der Küche. Skye war in ihren Bemühungen, Geld für die Reparatur von Reannas Wagen zu verdienen, keinen Schritt weitergekommen, aber während sie ihre Suppe löffelte, dachte sie darüber nach, wie sicher und geborgen sie sich in dem kleinen Holzhaus fühlte. Sicher vor Pumas und Monstern mit Reißzähnen und auch vor Menschen, die anderen etwas antun wollten. Aber so etwas zu denken, bereitete ihr auch Unbehagen, denn schließlich war es nicht Sicherheit, die sie wollte. Sie wollte Freiheit, und frei würde sie erst sein, wenn dieser alte Kombi wieder lief und sie unterwegs war.

13 Am nächsten Tag war Sonntag, und Tante Esta rief schon früh an, um anzukündigen, daß sie vorbeikommen und Skye zur Kirche abholen wollte. Skye machte es nichts aus, in die Kirche zu gehen. Manchmal, wenn sie und Reanna unterwegs gewesen waren, hatten sie bei einer Kirche haltgemacht und waren hineingegangen, um die Kirchenlieder mitzusingen und sich die Predigt anzuhören. Außerdem würde auch Cody da sein, und heute würde er erfahren, ob der Mann, der ihm noch Geld schuldete, ihn bezahlen konnte.

Skye stellte sich vor, in Tante Estas Auto mitzufahren, zusammen mit Lee Esther und vermutlich auch Denise, denn Tante Esta war immer noch entschlossen, sie alle drei zusammenzubringen. »Du brauchst mich nicht abzuholen«, sagte sie. »Ich fahre mit Grandpa. Er ist im Moment noch draußen in der Scheune, aber er kommt gleich zurück. Er kommt bestimmt mit, wenn ich ihn bitte.«

Tante Esta schnaubte. »Versuch nur dein Glück und frag ihn, aber sei nicht überrascht, wenn er ganz plötzlich eine Kuh suchen gehen muß, die sich verlaufen hat. Aber vielleicht kannst du ja das Wunder vollbringen.

Ruf mich an, wenn ich dich doch abholen soll.« Sie legte auf.

»Er geht mit«, sagte Skye zu den Kätzchen, die alle mit den Vordertätzchen am Kartonrand hingen und es fast schon schafften, allein hinauszuspringen.

Aber Skye mußte die Erfahrung machen, daß es nicht so einfach war, Wunder zu vollbringen.

»Ich gehe nicht hin, Sis«, sagte Grandpa, als er ins Haus zurückkam und sie ihn fragte, ob er mit in die Kirche kommen würde. »Früher, als deine Grandma Abby noch am Leben war, bin ich regelmäßig gegangen. Aber jetzt ist es einfach nicht mehr dasselbe.«

»Ich habe aber Tante Esta versprochen, daß du mitkommst«, wandte Skye ein.

»Es ist besser, niemals für jemand anders zu entscheiden«, sagte Grandpa. »Das geht manchmal daneben.« Er ging ins Badezimmer, um sich zu waschen. »Weißt du was? Ich fahre dich gleich zu Sweetie und überlasse ihr dann den Laster, dann kann sie mit dir und Jermer hinfahren. Ihr altes Auto hat kürzlich den Geist aufgegeben.«

Daß Autos den Geist aufgaben, scheint zur Zeit etwas häufiger vorzukommen, dachte Skye, während sie einen Blick durchs Fenster auf Reannas nutzlosen Wagen warf.

Während Grandpa sich die Hände schrubbte, zog Skye ihren zu langen Rock mit den blauen Blümchen an, den einzigen Rock, den sie besaß. Dazu trug sie ein einfaches weißes T-Shirt und ihre ausgelatschten alten braunen Sandalen. Sie dachte an die kleinen weißen Pumps, die Denise und Lee Esther zur Hochzeit getragen hatten.

Aber wen juckte das schon?

Sie stubste die Kätzchen in den Karton zurück und verabschiedete sich von ihnen, indem sie ihre kleinen weichen Körper streichelte. Sie schnurrten und miauten und reckten sich ihr entgegen.

»Ich mag euch kleine Kerlchen«, flüsterte sie, dann lief sie nach draußen, um in Grandpas Kleinlaster zu steigen. Als sie und Grandpa bei Sweeties Haus ankamen, sahen sie, daß Sweetie und Jermer ihre Sonntagssachen angezogen hatten. Sweetie trug das leuchtendrote, wallende Kleid, das sie zur Hochzeit angehabt hatte, und Jermer war wieder in seinen engen blauen Anzug gezwängt.

»Ihr habt euch ja schon richtig in Schale geworfen«, bemerkte Grandpa, als er ausstieg. »Traust du dich, dieses alte Wrack hier zu fahren?«

»Mit Vergnügen«, erwiderte Sweetie. »Meine Karre ist total hinüber.« Sie zeigte mit dem Daumen auf den grauen Dodge, der bei dem Holztor, das zu der Quelle führte, zwischen den Pfefferminzpflanzen im Boden versank. »Heute morgen ist die Hinterachse gebrochen. Reparieren hat auch keinen Sinn mehr, weil alles andere nämlich auch nicht mehr viel wert ist. Jermer und ich hatten vor, zu Fuß zu gehen und darauf zu hoffen, daß uns unterwegs jemand mitnimmt, also nehme ich dein Angebot gern an.«

Grandpa rieb sich nachdenklich das Kinn, während er Sweeties altes Auto betrachtete. »Wenn das mit deinen Kursen nächste Woche etwas wird, kannst du den Laster jederzeit geborgt haben.«

»Das ist aber wirklich freundlich von dir, Orville«, antwortete Sweetie. »Ich kann es gut gebrauchen — sonst hätte ich vielleicht auf einem von Jermers Stekkenpferden reiten müssen.«

Jermer kletterte kichernd auf den Beifahrersitz neben Skye. Sweetie setzte sich ans Steuer, während sich Grandpa im hinteren Teil des Lasters hinhockte.

»Was für Kurse gibst du denn?« fragte Skye, nachdem sie Grandpa wieder zu Hause abgesetzt hatten und auf den Highway einbogen. »Quilts zu nähen«, erwiderte Sweetie. »Häkeln. Einmachen von Gemüse und Obst. All die Fertigkeiten, die ich von meiner Großmutter gelernt habe. Heutzutage interessieren sich wieder viele Frauen für so was. Anscheinend haben sie die Nase voll von dem ganzen Fertiggericht-Kram. Sie wollen wieder lernen, wie man früher den Haushalt geführt hat.«

Das schien so richtig gut zu Sweetie zu passen. Skye hatte noch nie jemanden kennengelernt, der so vollkommen Teil seiner Umgebung war wie Sweetie.

Wahrscheinlich lag das daran, daß sie weder Fernsehen noch Telefon hatte.

Skye blickte durch das Seitenfenster auf die hohen Sonnenblumen, die den Highway säumten. Reanna hatte immer gesagt, die Vergangenheit wäre tot und sollte vergessen sein.

Aber hier in Sheep Creek schien die Vergangenheit in die Gegenwart hineinzureichen und sogar in die Zukunft, und allmählich bekam Skye das Gefühl, daß es auch genauso sein sollte.

Es wurde wirklich höchste Zeit, von hier wegzugehen, und das bedeutete, daß die kleinen Kätzchen untergebracht werden mußten. Vielleicht gab es ja jemanden in der Kirche, der sie wollte.

Als sie bei der hübschen Kirche auf dem Hügel anlangten, hielt Skye nach Cody Ausschau, konnte ihn aber nirgends sehen. Ob er vergessen hatte, daß er den Mann in der Kirche treffen und ihn nach seinem Geld fragen wollte? Ob er vergessen hatte, wie wichtig es für Skye war, zu wissen, ob sie bald an eine Batterie kommen würden?

»Zuerst habt ihr Sonntagsschule«, sagte Sweetie. Sie hielt ein paar vorbeigehende Mädchen auf und schickte Skye mit ihnen zu einem Raum im Kellergeschoß. Die Kinder in der Klasse waren alle in Skyes Alter, also war Cody nicht darunter, denn er war älter. Aber der rothaarige Junge, der auch bei Reannas Hochzeit gewesen war, gehörte zur Klasse, und er wurde jedesmal rot, wenn er Skye ansah, genau wie damals. Denise und Lee Esther waren auch da, und sofort fingen sie an, miteinander zu flüstern. Bestimmt etwas über mich, dachte Skye.

Der Lehrer war sehr nett und hieß Skye willkommen. Er war mit einer von Tante Belvas Töchtern verheiratet, aber Skye konnte sich nicht mehr erinnern, mit welcher. Er hieß Ed, aber die Schüler in der Klasse nannten ihn alle Bruder Turner.

Jemand wollte wissen, woher Skye kam, und Bruder Turner fragte, ob sie Lust hatte, es ihnen zu erzählen.

Skye stand auf. »Na ja, ich bin sehr viel herumgereist, also bin ich eigentlich von nirgendwoher. Aber ich würde gern was anderes sagen.« Sie räusperte sich. Es waren außer Denise und Lee Esther noch etwa zehn Schüler da, und es machte sie nervös, daß sie von so vielen angestarrt wurde. »Ich werde nicht mehr lange hier sein, und ich muß ein neues Zuhause für ein paar kleine Kätzchen finden, die jetzt noch bei meinem Grandpa sind. Möchte einer von euch ein kleines Kätzchen? Sie sind unheimlich süß, und sie können bald von ihrer Mutter weg.«

Alle lachten, und einen Augenblick lang dachte Skye schon, sie wären genauso gemein wie Denise und Lee Esther. Sie wünschte sich, nie den Mund aufgemacht zu haben. Aber Bruder Turner lächelte und sagte: »Sie lachen, weil es hier in der Gegend immer jemanden gibt, der junge Katzen unterbringen will. Erst letzte Woche hat jemand welche angeboten.«

Also hatte Jermer recht gehabt, daß niemand die Katzen wollte. Wen sollte sie jetzt sonst noch fragen?

Reanna und Bill würden halt erlauben müssen, daß Skye sie alle mitnahm. Wenn sie sie überreden konnte, die Motorräder bei Grandpa zu lassen und statt dessen den Kombi zu nehmen, würde das schon gehen.

Während der ganzen Unterrichtsstunde grübelte sie über dieses Problem nach, aber als dann alle nach oben zur Messe gingen, wich ihre Grübelei neugieriger Erwartung, denn Cody war da. Bald würde sie wissen, ob er das Geld bekommen hatte. Allerdings würde sie sich bis nach der Messe gedulden müssen, weil die Orgel schon leise Musik spielte, damit die Leute allmählich ruhig wurden, und Cody saß am ganz anderen Ende der Kirche, zusammen mit ein paar Freunden. Genaugenommen saß er neben einem *Mädchen*. Einem Mädchen in seinem Alter mit langem, blondem Haar und einem blauen Kleid, das aussah, als hätte sie es Alice im Wunderland weggenommen.

Und wenn schon? Skye sagte sich, daß sie unmöglich eifersüchtig sein konnte. Immerhin war Cody ihr *Cousin*, verflixt noch mal. Das Problem war nur, sie wollte, daß er sich nicht für ein Mädchen interessierte, sondern dafür, das Auto zum Laufen zu bringen.

Wahrscheinlich wollte er ein Auto, damit er mit dem Mädchen nach Preston fahren konnte, um ins Kino zu gehen.

Wahrscheinlich interessierte er sich nicht im Geringsten für Skye und *ihre* Probleme.

Er würde ganz schön enttäuscht sein, wenn Reanna und Bill entschieden, daß sie den Kombi wegen der Kätzchen brauchten, und er wieder ohne Auto dastand.

Trotz ihrer Grübeleien genoß Skye die Messe, besonders die Kirchenlieder. Zu Beginn des Gottesdienstes sangen sie »*How Great Thou Art*«, ein Lied, das Skye gut kannte, und zum Schluß ein Lied, das »*Come, Come Ye Saints*« hieß und das sie nicht kannte. Ihr gefiel, daß alle Strophen mit »*All is well!* (Alles ist gut!)« endeten. Sie hoffte, daß das ein gutes Omen war.

Nachdem der Gottesdienst vorbei war, mußte natürlich Tante Esta ankommen und Skye darauf hinweisen, daß Grandpa nun doch nicht mitgefahren war.

Irgendwie schien es sie zu freuen, daß Skye es nicht geschafft hatte, ihn zum Mitkommen zu überreden.

»Vielleicht geht er ja nächste Woche mit«, meinte Tante Esta, »wenn wir nach der Messe alle bei Vernell in Preston zum Mittagessen eingeladen sind.«

»Vielleicht«, erwiderte Skye, während sie sich den Hals verrenkte, um nach Cody Ausschau zu halten.

Weder er noch Alice im Wunderland waren in der Kirche zu sehen, also trat sie hinaus auf den Rasen, um ihn zu suchen. Der rothaarige Junge war da. Er wurde rot wie ein Feuermelder, als Skye in seine Richtung sah. Denise und Lee Esther waren auch da. Sie standen mit ein paar anderen Mädchen zusammen, und auf einmal fingen sie an, das Lied von Old MacDonald und seiner Farm zu singen.

Skye sah sich nach Cody um. War er etwa schon nach Hause gegangen, ohne auch nur an sie zu denken?

Hinter sich hörte sie Denise und die anderen Mädchen singen: »Auf der Farm hatte er auch Katzen, ii-ei-ii-ei-oooh. Mit 'nem Miau-Miau hier und 'nem Miau-Miau da . . .«

Sie drehte sich um. Die Mädchen kamen langsam auf sie zu, und einige hielten die Hände hoch wie Krallen.

In dem Augenblick war das einfach eine Kleinigkeit zuviel, die sie zu ertragen hatte.

»Haut ab!« schrie sie sie an. »Freßt Ratten oder wovon ihr Widerlinge sonst lebt. *Laßt mich in Ruhe!*«

Die umstehenden Leute unterbrachen ihre Unterhaltungen und sahen sie verwirrt an.

Na gut, dann hatte sie eben jetzt ihre letzte Chance vertan, irgendwelche Freunde in Sheep Creek zu gewinnen. Jetzt würde sie im ganzen Ort als die verrückte Tochter der verrückten Reanna Rallison gelten. Und wenn schon! Sie würde sowieso nicht hierbleiben und es mitbekommen.

Dieses Kirchenlied mit der Stelle »alles ist gut« war wohl doch bedeutungslos gewesen.

Die meisten der Mädchen sahen erschrocken aus, als Skye sie anschrie, aber Denise lächelte nur ihr fieses herablassendes Lächeln, das sie Skye schon so oft gezeigt hatte. Skye fragte sich, ob sie wohl den Mut aufbringen würde, Denise anzuspringen und ihr die Augen auszukratzen. Dann hätten die Leute hier wirklich was zu reden gehabt, wie über Sweeties Großmutter und die Schlangen.

Sie bekam nicht die Möglichkeit, Denise irgendwas

zu tun, weil Sweetie herbeikam, als wäre es genau das, was sie ohnehin vorgehabt hatte, und Skye mit sich zog. »Komm, Skye. Wir sollten deinem Grandpa jetzt seinen Laster zurückbringen«, sagte sie.

Denise warf den Kopf zurück. »Wir haben nur ein Lied gesungen, sonst nichts, Sweetie. Ich weiß nicht, wieso sich Skye über ein harmloses Lied so aufregt.«

Sweetie ging unbeirrt weiter, den Arm um Skye gelegt. Jermer trottete hinter ihnen her.

Skye fragte sich, wann sie jemals einen mieseren Tag erlebt hatte. Nachdem Sweetie den alten Kleinlaster angelassen hatte, fragte sie: »Wieso haßt mich Denise eigentlich so, Sweetie?«

»Tja«, erwiderte Sweetie, während sie in die mit Sonnenblumen gesäumte Straße einbog, die nach Hause führte, »Denise hat sich schon immer als was ganz Besonderes gefühlt, seit sie alt genug ist, um mit den Wimpern zu klimpern. Aber du bist genauso hübsch wie sie und außerdem auch ein bißchen interessanter, weil du viel herumgekommen bist und eine Menge mehr gesehen hast als sie. Und zu allem Überfluß bist du auch noch intelligenter als sie. Sie hat Angst, du könntest sie in der Schule übertrumpfen und viel beliebter werden als sie.«

Skye war ganz komisch zumute. Was sagte Sweetie da?

»Laß dich nicht von ihr unterkriegen. Mit der Zeit werdet ihr schon Freundinnen werden.« Sweetie streichelte Skye die Hand.

Sie war genauso schlimm wie Tante Esta, wenn sie sich einbildete, daß Skye und Denise und Lee Esther Freundinnen werden konnten, bloß weil sie gleichaltrig waren.

»Ich habe gute Neuigkeiten«, fuhr Sweetie fort. »Diese Kurse, die ich diese Woche geben wollte, werden tatsächlich stattfinden. Ich hoffe, dein Grandpa hat es ernst gemeint, als er gesagt hat, daß ich mir seinen Laster ausborgen könnte, denn ich werde bis nächsten Samstag nach Wyoming fahren müssen.«

Jermer hopste aufgeregt auf dem Sitz neben Skye herum. »Darf ich bei Skye bleiben, wenn du in Wyoming bist? Darf ich, Skye?«

»Klar, Jermer.« Im Moment hätte Skye alles für Sweetie getan, selbst wenn das bedeutete, sich um Jermer zu kümmern. Sweetie, die sie nicht nur hübsch, sondern auch interessant fand. »Wo bleibst du denn sonst immer, wenn Sweetie mal nicht da ist?«

»Meistens bei Tante Esta«, antwortete Jermer. »Aber sie ist böse auf mich, weil ich letztes Mal, als ich bei ihr war, ihren ausgestopften Papagei beerdigt habe.«

»Du kannst gern bei mir bleiben, Jermer.«

Dann hatte sie wenigstens was zu tun, während sie überlegte, wie sie an eine Batterie kam.

Die Woche verging langsam. Am Montag rief Cody an, um zu berichten, daß der Typ, der ihm noch Geld schuldete, ihn noch nicht hatte bezahlen können und daß er die ganze Woche einem anderen Farmer beim Heumachen helfen würde. Er sagte, er würde sich wieder melden, sobald er entlohnt worden wäre.

Skye sagte, daß sie hoffte, Miß Alice im Wunderland würde nicht vorhaben, nächste Woche ins Kino zu gehen, aber Cody lachte nur und antwortete, daß Miß Alice in Preston wohnte und ins Kino gehen konnte, wann immer sie Lust dazu hatte.

Dann brauchte Cody also das Auto, um nach Preston zu fahren, wann immer er Zeit dazu hatte. Sollte er doch glauben, daß es so laufen würde.

Jermer war keine große Belastung, obwohl es Skye ganz schön auf den Geist ging, eine Woche lang immer Karten und *Monopoly* mit ihm zu spielen. Er schlief in dem Zimmer direkt neben ihrem, und zumindest hatte er weder Alpträume noch schnarchte er. Allerdings veranstaltete er mehrere Begräbnisse, hatte aber keine Einwände, als sie sagte, daß sie nicht daran teilnehmen wollte.

Weil sie jetzt beim Mittagessen immer zu dritt waren, probierte Skye während dieser Woche ein paar von Reannas Spezialgerichten aus. Jermer mochte alles, was sie kochte, besonders ihr Chili-Gericht, was eigentlich nur aus einer Dose Chili-Bohnen und einer Dose Maiskörnern bestand, und ihr Spaghetti-Spezial, einem Teller Spaghetti, der mit einer brennenden Kerze serviert wurde. Grandpa schien von manchen Gerichten nicht übermäßig begeistert zu sein, aber er aß sie alle, obwohl ihn Skye an manchen Tagen hinterher dabei beobachtete, wie er heimlich eine Schüssel Knusperweizen verputzte.

Während der ganzen Woche hatten Grandpa und Skye nur eine einzige Meinungsverschiedenheit, und zwar darüber, ob Skye zur Schule angemeldet werden mußte oder nicht. Skye sagte, daß sie hier nicht zur Schule gehen würde, und Grandpa sagte, daß sie dem Gesetz nach zur Schule gehen mußte. Er sagte, Tante Esta wollte mit ihr nach Preston fahren, um sie anzumelden, weil sie dafür sorgen wollte, daß Skye und Denise und Lee Esther zusammen in eine Klasse kämen. Skye sagte, daß sie sich lieber die Fingernägel einzeln ausreißen lassen wollte, als mit Denise in eine Klasse zu gehen, was Grandpa zum Lächeln brachte. Offenbar verstand er sie in bezug auf Denise.

»Also gut, dann bittest du eben Sweetie, dich an der Schule anzumelden«, sagte er, und dabei blieb es dann.

Samstagmorgen kam Sweetie wieder zurück. Skye brachte Jermer zu ihrem Haus, während sie noch den Laster auslud. Zu ihrer Überraschung gab sie Skye eine Zwanzig-Dollar-Note.

»Ich bin ganz gut bezahlt worden«, erklärte sie, »und ich weiß ja, daß du dir etwas Geld verdienen wolltest.«

»Ich werd' verrückt.« Skye stellte ein paar Berechnungen im Kopf an. »Super, jetzt habe ich fast schon genug.«

»Willst du dir ein neues Kleid kaufen?« fragte Sweetie.

»Nein, ich brauche eine neue Batterie für Reannas Auto«, erklärte Skye ihr. »Es muß ab und zu gefahren werden, und Cody möchte es gern fahren, also will er sich daran beteiligen.«

Mehr verriet sie nicht von ihren Plänen. Sweetie würde es genauso wenig gutheißen, wenn sie, Skye, Reanna hinterherfuhr, wie Grandpa.

»Eine Batterie«, wiederholt Sweetie. »Wieso hast du mir das nicht eher gesagt? Das ist so ziemlich das einzige, was in meiner alten Karre noch einigermaßen in Ordnung ist. Cody kann jederzeit vorbeikommen und sie abholen, um sie in Reannas Auto einzubauen.«

Skye konnte kaum atmen. Sie hatte eine Batterie. Schon morgen konnte sie sich auf den Weg machen und Bill und Reanna suchen! Dieses Kirchenlied hatte also doch etwas Gutes bedeutet. Jetzt wird alles gut, dachte sie. Sie konnte kaum erwarten, es Cody zu erzählen.

14 Jermer folgte Skye nach Hause; wie ein junges Hündchen, das sich verlaufen hatte, trottete er hinter ihr her. »Skye«, rief er, »warte doch auf mich. Hast du keine Lust, irgendein Spiel mit mir zu spielen?«

»Nein«, rief Skye über die Schulter zurück. »Geh lieber nach Hause.« Aber er kam trotzdem mit, stolperte über die steinige Weide hinter ihr her, den albernen blauen Rucksack über einer Schulter.

Jermer kam Skye aber ganz gelegen, als sie bei Grandpas Haus angelangt waren und sie keine Lust hatte, wieder Denise an den Apparat zu bekommen, wenn sie versuchte, Cody zu erreichen. Sie ließ Jermer dort anrufen und nach ihm fragen.

»Denise war dran«, sagte Jermer, nachdem er wieder aufgelegt hatte.

»Und was hat sie gesagt?«

Jermer stemmte die Hände in die Hüften. »Sie hat gesagt: ›Er ist nicht da. Worüber willst du überhaupt mit ihm sprechen, du Gartenzwerg?‹« Er ließ die Hände sinken. »Denise kann mich nicht leiden.«

Skye fühlte Ärger in sich aufsteigen. Schlimm genug, daß Denise ständig auf ihr herumhackte, aber wieso mußte sie auch noch auf den armen kleinen Jermer losgehen?

»Denise kann niemanden leiden«, sagte sie. »Komm, wir spielen mit den kleinen Kätzchen.«

Zwei der Kätzchen hatten herausgefunden, wie sie aus dem Karton kamen. Wahrscheinlich war Oh als erster darauf gekommen und hatte es dann Twinkie vorgemacht. Die beiden erforschten jetzt die Küche. Der friedliche Floyd schien sich damit zufriedenzugeben, zu Hause im Karton zu bleiben.

Wie würde es sein, mit Oh und Twinkie zu reisen, wenn sie nicht in dem Karton bleiben wollten? Ob sie wohl Angst haben und wie Babe miauen würden?

»Laß sie uns nach draußen bringen«, schlug Skye vor. »Sie müssen ihre Umwelt kennenlernen.«

Es machte Babe sehr nervös, daß ihre Jungen draußen frei herumliefen, und ein paar Minuten lang versuchte sie, sie in ihrer Nähe zu behalten, indem sie ihnen mit der Tatze immer dann einen Klaps versetzte, wenn sie sich zu weit von ihr entfernten.

Aber schon bald beruhigte sie sich und setzte sich auf die Treppe vor dem Haus, von wo aus sie die drei gut im Blick hatte. Skye und Jermer setzten sich neben sie auf die Stufen.

»Wieso willst du Reannas Auto zum Laufen bringen?« fragte Jermer.

Skye sah Floyd zu, der beobachtete, wie sich ein Käfer zwischen den Grashalmen hindurchkämpfte. »Damit Cody es fahren kann.«

»Wohin denn, Skye? Willst du ihn damit zum Snake River fahren lassen?«

Wie kam er darauf? Skye sah ihn an und kam zu dem Schluß, daß er einfach nur geraten hatte. Der Snake River ging ihm offenbar nicht aus dem Kopf.

»Vielleicht, Jermer. Laß uns hineingehen und noch mal anrufen. Vielleicht ist Cody inzwischen zu Hause.«

»Nimm mich mit, Skye.«

Sie stand auf. »Du kannst ja mitkommen. Aber diesmal lasse ich dich nicht dort anrufen.«

»Ich meine, nimm mich zum Snake River mit.«

»Das kann ich nicht. Wieso willst du überhaupt dorthin? Fühlst du dich bei Sweetie denn nicht wohl?«

Er stand auch auf. »Doch, mir gefällt es bei Sweetie

sehr gut«, erwiderte er. »Aber ich will nicht, daß du ohne mich von hier weggehst.«

»Jermer, ich muß jemand suchen. Ich muß meine Mutter finden. Deswegen muß ich weggehen.«

»Ich muß auch jemand suchen.«

»Wen denn, Jermer? Deine Mutter?«

Er schüttelte den Kopf. »Ich weiß, wo meine Mutter ist.« Er schrammte mit der Schuhspitze an der untersten Treppenstufe entlang. »Ganz tief unten«, fügte er leise hinzu, dann sah er zu Skye auf. »Ich rufe wieder bei Cody an, wenn du willst, Skye.«

»Ich mach' das schon, Jermer.« Skye fühlte sich immer ganz elend, wenn sie daran erinnert wurde, daß Jermers Mutter tot war. »Ich rufe an, und wenn Cody jetzt Zeit hat herüberzukommen, kannst du uns dabei zusehen, wenn wir die Batterie in Reannas Auto austauschen.«

Diesmal nahm Codys Mutter den Hörer ab. »Er arbeitet für Mister Rasmussen, Skye«, sagte sie. »Er kommt erst nach Einbruch der Dunkelheit zurück. Sie müssen heute mit dem Heumachen fertig werden, denn morgen ist Sonntag, und vielleicht gibt es auch ein Gewitter.«

Skye bedankte sich und legte auf. »Wie weit sind Mister Rasmussens Felder von hier entfernt?« fragte sie Jermer. Sie wollte Cody unbedingt wissen lassen, daß sie eine Batterie hatten, als könnte diese sich in Nichts auflösen, wenn sie sie nicht sofort holten.

»Gleich hinter Cougar Hill«, antwortete Jermer. »Wir brauchen nur hinaufzugehen und dann dem Bach zu folgen, um es zu finden.«

»Dann laß uns gleich losgehen.« Jetzt war Skye richtig froh, daß Jermer hergekommen war. Sie konnte sich zwar sehr gut auf Landkarten zurechtfinden, aber all die Täler und Hügel um Sheep Creek brachten sie ganz durcheinander, und sie war nicht sicher, ob sie Mister Rasmussens Feld ohne Hilfe finden konnte.

Wieder draußen, sahen sie, daß Grandpa auf seinem alten grauen Pferd zurückgekommen war. Tarzan war auch da; er lief auf das Haus zu, denn er sah . . .

Die Kätzchen! Oh, nein! Skye fühlte sich, als wäre ihr Herz stehengeblieben. Sie hatte ganz vergessen, daß die kleinen Kätzchen dort auf dem Rasen waren, und jetzt war Tarzan da.

Babe hatte ihn schon gesehen und näherte sich ihm, mit Buckel, die Ohren angelegt, den Schwanz zum dreifachen Umfang aufgeplustert.

Floyd und Twinkie befanden sich hinter Babe, näher am Haus, und kugelten sich bei ihrem Spiel umeinander. Aber wo war Oh?

Tarzan entdeckte ihn zur selben Zeit wie Skye. Er war am Rand des Rasens in der Nähe von Reannas altem Auto und sah einem Schmetterling zu. Tarzan stellte die Ohren auf. Er sprang auf das Kätzchen zu.

Neben sich hörte Skye Jermer stöhnen.

»Keine Panik, Sis«, rief Grandpa ihr vom Rücken seines Pferdes aus zu. »Du darfst keinen der beiden erschrecken.«

Tarzan war schon fast bei Oh, als das Katzenjunge den Hund sah. Plötzlich war Oh eine Mini-Ausgabe seiner Mutter, die kleinen Krallen ausgefahren, das Fell kampflustig wie Stacheln aufgestellt.

Tarzan blieb stehen. Er starrte das Kleine an. Langsam schob er seine große Schnauze vor. Einmal zuschnappen, mehr wäre nicht nötig. Er konnte Oh im Ganzen verschlucken, wenn er wollte.

Aber er tat nichts weiter, als das Kätzchen zu beschnuppern. Dann wandte er sich wieder ab und trottet schwanzwedelnd zu Grandpa zurück; unbekümmert ließ er die Zunge aus dem Maul baumeln, als interessierte ihn nichts weniger als Katzen.

Skye hatte vor Erleichterung puddingweiche Knie. Was hatte sie für Alpträume darüber gehabt, was Tarzan den kleinen Kätzchen alles antun könnte! Sie hatte befürchtet, er könnte ein Katzenkiller sein. »Braver Tarzan!« rief sie.

Jermer lief schnell zu Oh und nahm ihn auf den Arm.

»Ich hätte auch gar nicht gedacht, daß unser alter Tarzan auch nur einer Fliege was zuleide tun könnte, aber man kann nie wissen«, sagte Grandpa und stieg vom Pferd. »Wolltest du irgendwohin, Sis?«

Fast hätte Skye über ihre Angst um die Kätzchen die Batterie ganz vergessen. »Jermer und ich wollten zu Cody gehen, um mit ihm zu reden.« Skye ging zu Tarzan und tätschelte ihn, während sie sprach. »Grandpa, ich dachte, es wäre gut, mich etwas um Reannas Auto zu kümmern. Cody würde es gern ab und zu mal fahren, nur um es am Laufen zu halten.« Sie streichelte Tarzan weiter, während sie Grandpa von der leeren Batterie erzählte und davon, daß Sweetie eine gute hatte.

Grandpa nickte, während sie sprach. »Finde ich in Ordnung. Das ist ein kluger Einfall, Sis.«

Skye fühlte sich ein wenig geschmeichelt und hatte gleichzeitig ein furchtbar schlechtes Gewissen, weil sie ihm nicht erzählte, was sie sonst noch vorhatte. »Grandpa«, sagte sie, »meinst du, ich kann die Kätzchen hier draußen lassen? Sie mögen es, frei herumzulaufen, und Tarzan wird ihnen nichts tun.«

»Tarzan ist nicht die einzige Gefahr, die ihnen hier drohen könnte«, antwortete Grandpa. »Aber geht ruhig. Ich setze sie wieder in den Karton zurück.«

Skye freute sich, als sie sah, wie behutsam er die kleinen Kätzchen mit seinen großen Händen aufhob.

Jermer zeigte Skye einen kaum sichtbaren Trampelpfad, der den Hügel hinauf und den Bewässerungsgraben entlang um den Hügel herum führte. Von dort oben sahen die Felder aus wie Grandma Abbys Quilt-Decke, auf der die ganze Familiengeschichte dargestellt war. Jedes Feld sah aus wie ein Patchwork-Abschnitt mit einem Wohnhaus darauf oder der Kirche oder dem alten gelben Schulhaus.

Der Sheep Creek schlängelte sich zwischen den Abschnitten hindurch wie eine Miniaturausgabe des Snake River und floß in seinem gewundenen Bett aus dem Tal hinaus, wohin auch immer.

Ob der Highway, der nach Preston führte, dem Verlauf des Sheep Creek folgte? Oder zweigte er in eins der anderen Täler ab, die Skye von hier aus sehen konnte?

Cody würde es wissen.

Während sie am Ufer des Grabens entlangliefen, sang Jermer ein Lied von einem Bären, der einen Berg hinaufging, um zu sehen, was es von dort aus zu sehen gäbe, aber als er dort anlangte, sah er nur die andere Seite des Berges.

»Das habe ich von Sweetie gelernt«, erklärte er. »Sie singt es immer, wenn wir über einen dieser Hügel wandern.«

Es war ein schönes Lied, aber Skye schätzte, daß Sweetie wohl vergessen haben mußte, was es auf der anderen Seite des Berges zu sehen gab, sonst wäre sie immer noch dort und würde es betrachten.

Als Skye und Jermer einen Vorsprung des Hügels umrundeten, konnten sie Cody unten auf einem Feld sehen, wo er eine riesige, lärmende Heumaschine fuhr. Als sie bei ihm unten anlangten, stellten sie fest, daß er nicht allein war. Der rothaarige Junge, der immer rot wurde, sobald er in Skyes Nähe kam, saß neben ihm, und natürlich wurde er augenblicklich feuerrot, sobald er Skye sah.

»Hallo, Skye«, rief Cody und stellte den Motor der Maschine ab. Er nickte mit dem Kopf in die Richtung des rothaarigen Jungen. »Du kennst meinen Kopiloten, Brad?«

»Vom Sehen«, erwiderte Skye. »Aber ich wußte nicht, wie er heißt. Hallo, Brad.«

Brad wurde noch etwas roter und murmelte etwas, das Skye für eine Art Begrüßung hielt.

»Cody«, sagte sie, »wir haben eine Batterie.«

Cody stieg von der Maschine. »Du meinst, sie ist einfach so vom Himmel gefallen?«

»Fast.« Skye wollte es ihm erzählen, aber in dem Moment ließ Brad die Maschine wieder an und ratterte die nächste Heuzeile entlang, wobei er soviel Lärm machte, daß es sinnlos war weiterzusprechen.

Als der Lärm weit genug entfernt war, zeigte Cody mit dem Daumen in die Richtung der Maschine. »Brad gibt ein bißchen an. Deinetwegen, Skye.«

»Na klar«, erwiderte Skye.

Cody grinste. »Glaub mir. Ich weiß, wie man sich als Junge fühlt, wenn ein hübsches Mädchen daherkommt. Man will zeigen, daß man ein ganzer Kerl ist.«

Wahrscheinlich hat er mit so was reichlich Erfahrung,

wenn er sich dauernd vor dieser Alice im Wunderland produziert, dachte Skye. Aber sie spürte, daß ihre Wangen auch etwas rot wurden, so wie Brads. Niemand außer Sweetie hatte ihr bis jetzt je gesagt, daß sie ein hübsches Mädchen war.

Brad machte mitten in der Reihe kehrt und kam zurückgerattert, wobei er die riesige Maschine wie ein Experte steuerte. Direkt vor ihnen schwang er sie herum und ratterte in die andere Richtung weiter.

Um anzugeben.

Ihretwegen!

Cody sah ihm nach. »Sieh dir das an. Sein Dad meint, er wäre noch zu jung, um die Maschine allein zu fahren, weshalb er mich dazugeholt hat. Aber Brad ist ein richtiger Tiger.«

Wie ein Tiger wirkte Brad auf Skye nicht gerade. Er war mager und gerade mal so groß wie Skye, und dann wurde er dauernd knallrot. Wäre er Cody ähnlicher gewesen, groß und etwas älter, hätte es ganz schön aufregend sein können, daß er sich so für sie interessierte. Aber so war es Skye hauptsächlich peinlich, daß er ihretwegen eine solche Schau abzog.

Andererseits war es aber auch kein absolut unangenehmes Gefühl.

»Also, jetzt erzähl mir von der Batterie«, forderte Cody sie auf.

Skye wußte gar nicht, wo sie hingucken sollte, während sie von Sweeties Batterie berichtete. Sie wollte nicht den Eindruck machen, Brad zu beobachten, wollte aber auch nicht in Codys grinsendes Gesicht sehen.

»Jujuuuh!« rief Cody, als sie mit ihrer Geschichte von Sweeties altem Auto, das seine Einzelteile nicht mehr benötigte, fertig war. Er schlug sich mit einer Hand auf den Oberschenkel, womit er eine Staubwolke aufwirbelte. »Laß mich nur schnell Brad Bescheid sagen, dann gehen wir die Batterie holen und bauen sie in Reannas Auto ein. Wenn wir Glück haben, läuft die Karre, bevor der Mond aufgeht.«

Tatsächlich ging dann der Mond gerade über Cougar Hill auf, als Reannas Auto zum erstenmal nach der Batterie-Transplantation hustend ansprang.

Brad war mitgekommen, um beim Einbau zu helfen. Er hatte Cody die Werkzeuge gereicht, wie es die OP-Schwestern immer mit Instrumenten für die Ärzte in den Fernsehfilmen tun. Er hatte kein Wort mit Skye gesprochen, aber hin und wieder hatte sie gemerkt, wie er sie angesehen hatte.

Cody war ganz aus dem Häuschen, als das Auto ansprang, aber nicht so sehr wie Skye.

Selbst Jermer war ganz aufgeregt. »Fahren wir noch heute abend los, Skye?« fragte er.

»Losfahren?« Cody machte ein verdutztes Gesicht.

»Ich will, daß du mit mir irgendwohin fährst«, sagte Skye. »Weißt du nicht mehr, wie ich dir davon erzählt habe?«

»Ja, aber heute abend fahren wir nirgendwohin«, erwiderte Cody. »Du weißt doch, daß ich noch keinen Führerschein habe. Ich kann erst Montag oder Dienstag nach Preston fahren, um ihn mir abzuholen.«

Montag oder Dienstag. Wie lange würden Bill und Reanna brauchen, um von Wyoming nach American Falls zu kommen, wenn das der Weg war, den sie nehmen würden? Wie lange würden sie dort bleiben?

Skye wollte nicht riskieren, sie zu verpassen. Jetzt, nachdem das Auto wieder fahrtüchtig war, würde sie halt selber fahren, so wie sie es von Anfang an vorgehabt hatte. Noch heute abend würde sie fahren.

15

Skye hatte wirklich vor, an dem Abend zu fahren. Aber welchen Weg sollte sie nehmen? Auf der Karte sah es so einfach aus, von Sheep Creek nach American Falls am Snake River zu fahren, vor allem, wenn sie einmal auf dem Interstate-Highway war, der als breite rote Linie eingezeichnet war.

Aber es war diese schmale schwarze Linie auf der Karte, die Sheep Creek mit Preston verband, die ihr Kopfzerbrechen bereitete. Das waren etwa zwanzig Kilometer gewundene Landstraße, die sich irgendwie die Berge hinunterschlängelte und in ein weites, flaches Tal führte. Sie dachte an all diese kleinen Täler, die sie vom Hügel aus mit Jermer zusammen gesehen hatte. Durch jedes hatte eine Straße geführt. Welche davon führte nach Preston? Die Landstraßen waren nicht so gut beschildert wie die Interstates, und im Dunklen könnte sie die falsche erwischen. Sie konnte auch nicht nach dem Weg fragen. Wer würde sie schon für alt genug halten, ein Auto zu fahren? Sicherlich würde man sie zu Grandpa zurückschicken.

Und dann war da noch das Problem mit dem fast leeren Benzintank. Wie sollte sie das lösen? Die Tankstellen konnten abends alle geschlossen sein.

Erschöpft von ihrer ganzen Grübelei, schlief sie irgendwann ein.

Am nächsten Morgen wachte sie davon auf, daß sie Grandpa unten sprechen hörte. »Nichts da, ich gehe nicht mit«, sagte er in seinem Tante-Esta-Tonfall. »Pflicht hin, Pflicht her, ich gehe nicht mit.« Er schwieg einen Moment lang, dann sagte er: »Gut, ich frage sie.«

Skye hörte ihn zum Fuß der Treppe kommen.

»Sis!« bellte er. »Telefon!«

Skye lief hinunter. Es war wirklich Tante Esta, die am Telefon war.

»Zieh dich an«, befahl sie, nachdem Skye den Hörer genommen hatte. »Ich hole heute dich und Sweetie und Jermer zur Kirche ab, weil wir hinterher alle zu Tante Vernell zu einem Familienessen gehen. Obwohl«, fügte sie hinzu, »nicht *alle* dabei sein werden, die zur Familie gehören.«

Damit meinte sie natürlich Grandpa. Skye dachte daran zu sagen: »Nichts da, ich gehe nicht mit«, wie Grandpa es getan hatte. Die Messe und das anschließende Familienessen würden den größten Teil des Tages in Anspruch nehmen. Sie mußte aber möglichst bald ihre Fahrt nach American Falls vorbereiten.

Aber vielleicht war abends nicht mehr so viel Verkehr auf den Straßen – und die Wahrscheinlichkeit geringer, daß die Verkehrspolizei unterwegs war.

Ganz nebenbei hatte sie ihre Zweifel, daß Tante Esta ihr überhaupt eine Wahl lassen würde.

Ohne Skyes Antwort abzuwarten, sagte Tante Esta: »Jetzt beeile dich, Skye«, und legte auf.

Erst als Skye dabei war, die Kätzchen einzufangen, die jetzt schon alle wußten, wie sie aus dem Karton klettern konnten, fiel ihr ein, daß Tante Vernell in Preston wohnte. In Preston, wo die Tankstellen waren.

Alles fügte sich auf einmal zusammen, wie die Teile

bei einem Puzzle, wenn man erstmal herausgefunden hat, wie das fertige Bild aussehen soll.

Skye machte zum Frühstück Käsemonster als Abschiedsgeschenk für Grandpa, obwohl er natürlich keine Ahnung von einem Abschied hatte. Besonders gut gelangen sie ihr nicht, weil der Vollkorntoast krümelte und sie die Spiegeleier anbrennen ließ, aber Grandpa aß seine ganze Portion auf und sagte: »Danke, Sis. Das war richtig lecker.«

Cody war auch in der Kirche; er saß wieder neben Alice im Wunderland. Diesmal hatte sie ein rosa Kleid an. Vielleicht wohnte sie ja in Preston, wie Cody gesagt hatte, aber sie mußte furchtbar viel Zeit unterwegs sein, um ständig nach Sheep Creek zu kommen.

Brad war auch da. Er schaffte es noch, ihr ein schüchternes Lächeln zuzuwerfen, bevor er so rot wurde, daß er damit praktisch die ganze Kirche erleuchtete.

Denise und Lee Esther entging natürlich nicht, was los war. Denise formte lautlos mit den Lippen ein: ›*Brad liebt Skye*‹. Skye konnte sich vorstellen, daß sie selbst und auch sonst jeder in nächster Zeit nichts anderes mehr hören würde.

Nach der Messe war es für Skye kein großes Problem, Cody dazu zu überreden, Reannas Auto nach Preston zu fahren. Ganz im Gegenteil, Skye brauchte nur zu erwähnen, daß sie das Auto volltanken wollte, und schon war Cody Feuer und Flamme.

»Ich fahre es zu Tante Vernell«, sagte er. »Sweetie und Jermer können mit uns mitfahren, dann habe ich jemand mit Fahrerlaubnis dabei.«

Mit solchen Sachen schien er es sehr genau zu nehmen. Skye fragte sich, was er wohl davon halten würde, wenn sie ganz allein davonfuhr und sich nicht die

Bohne darum scherte, ob sie einen Führerschein hatte oder nicht.

Würde er sie dann noch mögen?

War es ihr wichtig, ob er sie mochte oder nicht? Sobald Skye von hier fort war, konnte er vierundzwanzig Stunden seines Tages mit Miß Alice verbringen, wenn er Lust dazu hatte.

Tante Esta war nicht hellauf begeistert, sie alle wieder zu Grandpas Haus zurückfahren zu müssen, damit sie das Auto holen konnten. »Seid ihr auch sicher, daß es gut läuft?« fragte sie. »Seid ihr sicher, daß es nicht irgendwo unterwegs seinen Geist aufgibt und ihr dann den Rest des Nachmittags damit verbringen müßt, zu fischen oder zu picknicken oder sonstwas?«

Cody versprach, daß sie heil bei Tante Vernell ankommen würden, und Sweetie sagte zu Tante Esta, sie sollte sich keine Sorgen machen.

Während sie bei Grandpa waren, fand Skye Zeit, schnell nach oben zu laufen und einen Block und einen Stift aus ihrem Gepäck zu holen. Als sie dann mit Reannas Auto losfuhren, Cody am Steuer und Skye auf dem Beifahrersitz, während Sweetie und Jermer hinten saßen, zeichnete sie jede Kreuzung auf und notierte, wo sie abbiegen mußten.

Obwohl sie sich Mühe gab, das ganz unauffällig zu tun, so als kritzelte sie nur herum, merkte Sweetie es und fragte: »Hast du vor, irgendwohin zu fahren, Skye?«

»Ich bin immer der Kartenleser, wenn Reanna und ich unterwegs sind«, erklärte Skye. »Ich versuche mir immer zu merken, wie man irgendwohin gelangt.«

Sweetie nickte. »Das ist eine gute Angewohnheit.« Sie schwieg einen Augenblick, während Cody vorsichtig die gewundene Bergstraße entlangfuhr. Dann fügte sie hinzu: »Diese Woche sollten wir dich endlich mal an der Schule anmelden.« Skye verstand nicht, wie sie ausgerechnet jetzt darauf kam, aber Sweetie sprach schon weiter: »Du warst schon an so vielen Orten, daß du in Geographie bestimmt immer als Klassenbeste ausgezeichnet wirst.«

Geographie hatte Skye immer besonders viel Spaß gemacht, aber als Klassenbeste war sie darin nie ausgezeichnet worden. Sie blieb immer nur lange genug in derselben Schule, daß die Lehrer ihren Namen wußten, aber dann zogen Reanna und sie normalerweise schon wieder zum nächsten Ort weiter.

»Ich gehe weg, bevor die Schule anfängt«, sagte sie, wünschte sich aber sofort, es nicht gesagt zu haben, aus Angst, Jermer könnte sich gleich darauf stürzen und sie wieder fragen, wann sie denn losfuhren, so wie er es am vorigen Abend getan hatte, als Cody dagewesen war.

Aber Jermer war neben Sweetie eingeschlafen, seinen blauen Rucksack an sich geklammert, diesen albernen Rucksack mit der Erdnußbutter und den hartgekochten Eiern, den er immer mit sich herumschleppte. Sein Kopf lag in Sweeties Schoß, und sie streichelte sein Haar, wie Skye immer das Fell der Kätzchen streichelte, wenn sie schliefen. Das erinnerte Skye daran, wie Sweetie von all den vielen weichen, lieben Wesen, um die man sich kümmern muß, gesprochen hatte.

»Dann kommt Reanna also doch zurück und holt dich«, sagte Sweetie.

Skye gefiel gar nicht, wie das klang. »Reanna wollte mich sowieso nicht hier zurücklassen. Wie würdest du es finden, wegzufahren und dein eigenes Kind zurücklassen zu müssen, mit dem du seit seiner Geburt immer zusammen warst? Es war bestimmt nicht leicht für Reanna, ohne mich wegzufahren.«

»Du liebes bißchen, ich wollte deine Mutter doch gar nicht kritisieren«, sagte Sweetie. »Wir tun alle nur das, was wir tun müssen.«

»Sie weiß, daß ich nicht hierbleiben kann. Sie weiß, daß ich meine Freiheit brauche.« Skye drehte sich um und sah Sweetie an, während sie das sagte.

Sweetie schaute aus dem Fenster. »Des einen Freiheit ist des anderen Gefängnis«, sagte sie so leise, daß Skye gar nicht sicher war, ob sie sie richtig verstanden hatte.

Dann sagte sie nichts mehr, und Skye auch nicht.

Sie tankten das Auto an einer Tankstelle voll, bevor sie zu Tante Vernell weiterfuhren. Cody bestand darauf, das Benzin zu bezahlen, weil er, wie er sagte, derjenige sein würde, der das Auto fuhr, sobald er seinen Führerschein hatte.

Skye hatte ein sehr schlechtes Gewissen, ihn in dem Glauben zu lassen. Aber vielleicht konnte sie ihm ja später das Geld schicken.

Tante Vernells Haus war zwei Stockwerke hoch und stand auf einem großen Grundstück, umgeben von Blumen und Bäumen, aber es war trotzdem zu klein für all die Leute, die dort waren. Es waren Leute draußen auf dem Rasen und welche im Wohnzimmer und wieder andere in den Fluren und in der Küche. Die kleineren Kinder spielten draußen unter den Bäumen, während die größeren drinnen fernsahen.

Es waren auch einige ältere Leute da, von denen Cody sagte, daß es Cousins und Cousinen der Tanten und von Grandpa waren. Alle legten großen Wert darauf, sie willkommen zu heißen, obwohl sie immer wieder gefragt wurde: »Und wer bist du?«

»Ich bin Skye, Reannas Tochter«, sagte sie dann, und sie nickten und erwiderten: »Ah, ja, Reanna. Das ist Orvilles Tochter, die mit diesem McCabe-Jungen davongelaufen ist. Er ist Alf McCabes Sohn. Alf war derjenige, der die Basketball-Mannschaft der High School in die Meisterschaften geführt hat damals ... ja, in welchem Jahr war das denn noch mal? Groß war er. Der Mannschaftskapitän.«

»Du mußt sie gar nicht beachten«, flüsterte Cody Skye zu. »Wenn sie dich das nächste Mal sehen, wissen sie deinen Namen schon nicht mehr, aber sie haben die komplette Familiengeschichte von jedem hier im Umkreis in ihren Köpfen gespeichert. Sie können dir alles erzählen, was sich hier in den letzten fünfundsiebzig Jahren zugetragen hat.«

Worüber Skye viel lieber was hören wollte, war »dieser McCabe-Junge«. Scott McCabe, ihr Vater. Und Alf — das war dann wohl ihr Großvater. Der Kapitän der Basketball-Mannschaft, der seine Mannschaft vor so vielen Jahren in die Meisterschaft geführt hatte.

Reanna wollte nie über Skyes Vater oder seine Familie sprechen, also war das, was Grandpa Skye über ihren Dad erzählt hatte, das einzige, was sie von ihm wußte. Sie wußte nicht mal, wo er jetzt war.

Ob er wußte, wo sie war?

Sie hätte gern gewußt, ob ihn das interessierte.

Sie hatte keine Gelegenheit, irgend jemand nach ihrem Vater zu fragen während des Essens, das aus Bergen von Kartoffelbrei, literweise Soße, gewaltigen Rinderbratenstücken und zentnerweise grünen Bohnen bestand. Trotz der enormen Mengen war alles hervorragend zubereitet. Sehr wahrscheinlich stammten die Kartoffeln und Bohnen und auch die knackigen Staudensellerie-Stangen und Karotten, die in hohen Gläsern auf jedem Tisch bereit standen, alle aus Tante Vernells Garten, der sich weit hinter dem Haus erstreckte und am hinteren Ende mit Apfel-, Aprikosen- und Kirschbäumen gesäumt war.

Die Verwandten tauschten während des Essens die neuesten Neuigkeiten voneinander aus, und Skye wollte nicht dazwischenplatzen und nach ihrem Vater fragen. Vielleicht konnte sie mit Reanna im nächsten Jahr wiederkommen und dann fragen.

Aber einige der Verwandten sahen schon sehr alt aus. Ob sie dann wohl noch am Leben sein würden?

Nach dem Essen saßen alle herum und redeten noch mehr. Tante Vernells Haus war dem von Grandpa ganz ähnlich, außer daß es größer war, und es hingen sogar zum Teil die gleichen Familienfotos an den Wänden. Es war tadellos sauber, aber nicht so, daß man meinte, man müßte seine Schuhe ausziehen, wie es bei Tante Esta zu Hause der Fall war. Irgendwie wirkte Tante Vernells Haus gerammelt voll, weil alle Regale von Büchern überquollen und alle Tische mit Puzzlen oder anderen Spielen beladen waren, und in der großen Küche gab es zwei Gefrierschränke voller eingefrorener Gerichte und Fleischstücke und Kuchen und Torten.

Tante Vernell selbst hatte genau so eine unförmige Figur wie Tante Belva und Tante Esta, dazu war sie noch rundlicher, und es machte richtig Spaß, sie zu umarmen.

Als es Zeit wurde, sich zu verabschieden, umarmte sie Skye ganz fest und sagte, daß sie sich darauf freue, sie besser kennenzulernen. »Ich habe kistenweise alte

Fotos, die du dir bestimmt gern ansehen wirst.« Sie zeigte auf eins der überfüllten Regale. »Komm doch mal für einen Tag bei mir vorbei.«

»Tante Vernell«, fragte Skye, »weißt du, wo mein Vater ist?«

Tante Vernell machte ein nachdenkliches Gesicht. »Tja, es tut mir furchtbar leid, aber im Augenblick weiß ich das nicht. Er hat uns immer eine Karte zu Weihnachten geschickt und gefragt, ob wir was von dir gehört hätten.«

Na ja, man konnte nun mal nicht erwarten, daß sich alles auf einmal zum Guten wendete.

Die Enttäuschung mußte Skye deutlich anzusehen gewesen sein, denn Tante Vernell fuhr fort: »Ich sag dir, was ich tun werde. Ich versuche, die Adresse eines seiner Verwandten herauszufinden. Sie leben nicht mehr hier in der Gegend.«

»Danke, Tante Vernell«, erwiderte Skye.

Alles in allem war es gar kein schlechter Tag gewesen. Das beste am ganzen Nachmittag war gewesen, daß Skye bei all den Leuten, die dagewesen waren, Denise und Lee Esther kaum zu Gesicht bekommen hatte.

Es war schon nach drei, als Cody den Kombi wieder in Grandpas Einfahrt lenkte und ihn unter den Pappeln parkte, wo er die ganze Zeit gestanden hatte. Sie hatten Sweetie und Jermer schon bei sich zu Hause abgesetzt.

»Na ja, mein Traumauto ist es nicht gerade«, bemerkte Cody, »aber es fährt, und ich komme gut damit zurecht. Wo sollte ich dich denn jetzt eigentlich hinfahren, sobald ich meinen Führerschein habe?«

»Du brauchst mich nirgendwo mehr hinzufahren«, antwortete Skye. »Ich habe es mir anders überlegt.«

Cody sah sie neugierig an. »In Ordnung. Sag mir aber

Bescheid, falls du es dir wieder anders überlegst.« Er stieg aus und trottete den Weg zu sich nach Hause hinunter.

Skye überlegte, ob sie ihm anbieten sollte, ihn nach Hause zu fahren, weil es bis dorthin etwa vier Kilometer waren. Aber sehr wahrscheinlich würde er ihr dann einen Vortrag halten, daß das verboten war. Außerdem wollte sie eigentlich niemanden wissen lassen, daß sie fahren konnte.

Nachdem Cody fort war, ging Skye hinein und stellte fest, daß alle Kätzchen zwischen den Tischbeinen spielten. Babe lag auf der Seite und beobachtete sie träge. Skye wünschte, sie hätte auch etwas Zeit, ihnen zuzusehen, aber sie mußte sich jetzt beeilen.

Grandpa hielt auf dem Wohnzimmersofa leise schnarchend sein Mittagsschläfchen. Wunderbar. So konnte sie die Katzen und ihr Gepäck ins Auto laden und abfahren, bevor er wach wurde. Sie würde in American Falls ankommen, bevor es zu dunkel wurde, jetzt, wo sie den Weg nach Preston kannte. Von dort aus war es eine Kleinigkeit, zur Interstate zu gelangen.

Sie holte von oben ihren Seesack, ihre Jacke und die Karte und verstaute alles zusammen mit einer Flasche Wasser im Kombi.

Als nächstes ging sie in die Küche, um die Kätzchen und Babe zu holen.

Babe mochte das Auto diesmal genausowenig wie beim letzten Mal, als Skye versucht hatte, sie hineinzusetzen. Sie miaute und fauchte und kratzte an den Fenstern, und als Skye den Karton mit den Jungen brachte und die Tür aufmachte, um ihn hineinzustellen, entwischte Babe wieder.

Dann mußte sie sie halt nachher finden. Die Jungen

waren noch zu klein, um auf ihre Mutter zu verzichten, also konnte sie Babe schlecht zurücklassen.

Die Kätzchen waren nicht viel besser als Babe. Als Syke den Karton hinten absetzte, kletterten sie sofort heraus und schwärmten aus, um das Auto einer gründlichen Inspektion zu unterziehen. Sie kletterten über die Sitze, und Twinkie blieb zwischen einem Sitz und der Tür hängen und miaute so laut, daß Skye sicher war, Grandpa würde davon aufwachen, besonders, als Tarzan herbeikam und wegen des Lärms zu bellen anfing.

Was sollte sie jetzt nur tun? Wie sollte sie sich beim Fahren auf ihre Skizze konzentrieren, auf der sie jede Abzweigung aufgezeichnet hatte? Wie sollte sie auf der Interstate die Ruhe bewahren, wenn Babe herumjaulte und die Kleinen überall herumturnten, womöglich auf dem Gaspedal oder unter der Bremse oder sonstwo?

Sie mußte sie alle hierlassen.

Was blieb ihr anderes übrig?

Reanna würde sie zurückfahren, um sie zu holen. Für die ein, zwei Tage konnte Grandpa auf sie aufpassen.

Sie wünschte, sie müßte nicht ausgerechnet jetzt daran denken, wie Grandpa gesagt hatte, daß es besser war, niemals für jemand anderen zu entscheiden.

Schnell brachte sie den Karton ins Haus zurück und schrieb einen kurzen Brief an Grandpa, in dem sie erklärte, weshalb sie fort mußte. Die Kätzchen waren schon wieder aus dem Karton herausgeklettert, bevor sie den Brief halb beendet hatte, aber es hatte keinen Sinn, sie wieder hineinzusetzen. Als sie hinausging, ließ sie die Küchentür einen Spalt offen, damit Babe hineingehen und auf ihre Kleinen aufpassen konnte. Oh machte dann Anstalten, Skye zu folgen, also lief sie schnell über den Rasen. Vielleicht verlor das kleine Wollknäuel sie ja aus den Augen und kehrte um.

Grandpa konnte jetzt jede Minute wach werden. Wieder im Auto, drehte Skye den Zündschlüssel und hoffte dabei, daß Grandpa das Motorengeräusch nicht hören würde.

Das Auto wollte nicht anspringen.

»Komm schon, komm schon«, flehte sie, während sie es noch mal probierte. »Du bist doch heute den ganzen Tag so prima gelaufen.«

Das Auto sprang an, und Skye überlegte gerade, wie sie es am besten wenden sollte, damit sie auf den Highway einbiegen konnte, als sie Sweetie und Jermer den Weg von der Kälberwiese herunterkommen sah. Sweetie winkte ihr zu und gab ihr ein Zeichen, auf sie zu warten.

Skye legte den Rückwärtsgang ein und trat aufs Gas.

Jermer begann, auf sie zuzulaufen. »Skye!« kreischte er. »Halt an! Halt an! HALT AN!«

Auch Sweetie schrie jetzt was und machte ihr ganz hektische Zeichen.

Skye dachte nicht daran, sich jetzt noch aufhalten zu lassen. Nicht, wenn die Freiheit so nah war.

Sie sah in den Außenspiegel, als sie zurücksetzte, und erwischte einen ganz kurzen Blick auf Oh, den unerschrockenen, dummen kleinen Oh, kurz bevor ihn das Hinterrad des Autos überrollte.

Es tat gut, Sweetie um sich zu haben, wenn etwas Grauenvolles passiert war. Sie schnappte sich Skye, bevor sie überhaupt sehen konnte, was sie angerichtet hatte, und steuerte mit ihr auf das Haus zu.

Grandpa stand da auf den Stufen zur Küche und rieb sich, beunruhigt von dem ganzen Geschrei, den Kopf.

»Kümmere dich darum, Orville«, sagte Sweetie zu ihm, als sie Skye an ihm vorbei ins Haus schob.

Sie marschierte mit ihr weiter, bis sie im Wohnzimmer angelangt waren, wo sie sich mit ihr auf das Sofa fallen ließ, das immer noch ganz warm von Grandpas Körper war. Dort saß Sweetie mit ihr, hielt sie fest im Arm, streichelte ihr den Rücken und redete beruhigend auf sie ein. »Schschsch«, sagte sie immer wieder leise.

Reanna hatte nie »Schschsch« gesagt.

Die alte Küchenuhr schlug vier.

Skye konnte nicht weinen. Sie war wie betäubt. Eiskalt und starr. »Er ist mir nach draußen nachgekommen«, flüsterte sie schaudernd.

Grandpa hatte gesagt, daß Tarzan nicht die einzige Gefahr war, die den Kätzchen hier drohen konnte, aber nie, nie, NIEMALS hätte Skye gedacht, daß sie selber eine Gefahr für sie hätte sein können.

16

Jermer erbot sich, ein Begräbnis auszurichten. Er und Grandpa standen auf Grandma Abbys rosarotem Teppich und blickten auf Sweetie und Skye hinunter. Jermer schluchzte und wischte sich seine laufende Nase immer wieder mit dem Saum seines T-Shirts ab. Aber er schien entschlossen zu sagen, was er zu sagen hatte.

»Wir laden die Tanten und Cousins und Cousinen ein«, sagte er. »Dann wird es dir bessergehen, Skye.« Er streckte den Arm aus und nahm ihre Hand.

Seine Stimme schien durch einen sehr langen, hohlen Tunnel zu ihr vorzudringen. Seine Worte ergaben keinen Sinn.

»Es wäre bestimmt gut, das zu tun, Sis«, meinte auch Grandpa.

Er und Jermer waren ins Haus gekommen, nachdem sie was auch immer mit den Überresten des kleinen Oh getan hatten. Hinter ihren Rücken konnte Skye die ovalen Bilder von Urgroßvater Rallison und seinem Bruder Jack sehen, der im Ersten Weltkrieg gefallen war.

Sie dachte daran, wie es sein würde, wenn all die Tanten und Cousins und Cousinen kämen, und stellte sich vor, wie sie sie ansehen würden, wenn sie genau wußten, was sie angerichtet hatte. Denise und Lee Esther würden da sein, hinter vorgehaltener Hand kichern und darauf warten, daß sie sich wieder kindisch aufführte und die ganze Zeit flennte. Cody würde auch kommen, und er würde wissen, daß sie versucht hatte, ganz allein auf und davon zu fahren. Cody, dem nicht einfallen würde, etwas Ungesetzliches zu tun.

Sollten sie doch kommen. Sollten sie doch alle sehen, was für eine totale menschliche Katastrophe sie war. Sollten sie sie doch als das Mädchen in Erinnerung behalten, das sein eigenes Schmusetier überfahren hatte. Das verdiente sie schließlich, oder?

Sie machte den Mund auf, um Jermer zu sagen, daß er das Begräbnis ruhig planen sollte, aber alles, was herauskam, war ein Klagelaut, ein langgezogenes, heiseres Brüllen, das Skye noch nie aus ihrem eigenen Mund gehört hatte.

Sweetie zog sie noch fester an sich. »Wir sprechen nachher darüber, Jermer«, sagte sie. Sie strich Skyes Haar glatt. »Komm, mein Schatz, mach deinem Kummer Luft. Dann geht es dir gleich besser.«

Wieso versuchte jeder, ihr zu erzählen, wovon es ihr besser gehen würde? Ihr würde es nie wieder besser gehen.

Aber sie konnte immer noch nicht weinen. Sie konnte nicht mal sprechen. Sie fühlte sich, als wäre sie innerlich so tiefgefroren wie all diese Hühnchen und Gerichte in Tante Vernells Gefrierschrank. Alles, was sie tun konnte, war stöhnen.

Lange Zeit saß sie so auf dem Sofa, dicht an Sweetie geschmiegt. Irgendwann mußte sie eingeschlafen sein, denn als nächstes bekam sie mit, daß sie ausgestreckt lag und Jermer über ihr stand und flüsterte: »Bist du wach, Skye?«

Sie machte einen tiefen, zitterigen Atemzug. »Ja«, sagte sie. Zumindest konnte sie jetzt wieder sprechen, obwohl ihr der Hals weh tat und sie ganz heiser war.

Jermer kniete sich neben das Sofa und nahm eine ihrer Hände. »Geht es dir wieder besser?« fragte er leise.

Sie nickte.

»Es hat mir richtig angst gemacht«, flüsterte er, »wie du eben ausgesehen hast, nachdem ... nachdem ...« Er ließ ihre Hand los und rieb sich die Augen. »Skye, was für Lieder soll ich beim Begräbnis singen?«

Skye dachte daran, wie er sang. »Kennt Sweetie ein paar Trauerlieder?« fragte sie und hoffte, daß sie ihn jetzt nicht gekränkt hatte.

Das hatte sie offenbar nicht. »Ganz viele«, flüsterte er. »Von ihr habe ich doch alle gelernt. Sie kann schön singen.«

Skye setzte sich auf. Aus der Küche hörte sie Sweetie am Telefon sprechen. »Du brauchst nicht zu flüstern, Jermer«, sagte Skye.

»Ich weiß. Es ist nur, weil ich mich so elend fühle.« Er hob den Saum seines T-Shirts, um sich wieder die Nase abzuwischen.

»Ich mich auch«, flüsterte Skye.

Aber sie konnte immer noch nicht weinen.

Grandpa kam herein. In der Hand hatte er eine Schachtel, die mit blauem Stoff überzogen war, schön ausgepolstert, daß man kaum noch sah, was es sicherlich in Wirklichkeit war – ein Schuhkarton.

»Ich schätze, das wäre ein ganz hübscher Sarg«, sagte er. »Deine Grandma Abby hat das in einem dieser Handarbeitskurse gemacht, die die Kirchenfrauen immer abhalten.« Er gab ihn Skye.

Skye berührte den seidigen Bezug. »Es ist eine so hübsche Schachtel. Bist du sicher, daß wir sie . . . daß wir sie . . .« Ihr Hals war so zugeschnürt, daß sie das Wort nicht herausbrachte. »Bist du sicher, daß wir sie vergraben dürfen? Wir könnten was anderes benutzen.«

»Nimm sie ruhig«, sagte er und setzte sich auf einen Sessel in der Nähe. »Es sei denn, du willst sie behalten.«

Behalten konnte sie sie nicht. Reanna sagte immer, daß es einen einengte, wenn man an Sachen hing, besonders an so nutzlosen Sachen wie einer hübschen Schachtel.

»Wir nehmen sie«, sagte Skye. »Danke, Grandpa.«

Sweetie kehrte vom Telefon zurück und setzte sich wieder neben Skye. »Ich habe die Familie angerufen. Sie kommen alle.«

Kommen?

Weshalb wollten sie kommen? Zur Beerdigung eines kleinen Kätzchens?

Skye wollte danach fragen, aber Jermer flüsterte:

»Laßt uns jetzt einen Platz für Ohs Grab aussuchen«, und sie alle standen auf, um hinauszugehen.

Das allerschlimmste war, durch die Küche zu gehen, wo Babe ihre zwei übrigen Jungen wusch, indem sie sie so hingebungsvoll leckte, daß sich die Kleinen kaum auf den Füßen halten konnten. Ob sie wußte, daß eins ihrer Babys nicht mehr lebte? Ob sie überhaupt darüber nachdachte?

Eilig durchquerte Skye den Raum und blieb nicht mal stehen, um die Katzen zu streicheln.

Jermer fand, daß der Obstgarten ein geeigneter Platz für einen Friedhof war, irgendwo unter den alten Apfelbäumen, die Skyes Urgroßvater gepflanzt hatte. Urgroßvater Rallison, dessen Bild im Wohnzimmer hing. Er hatte alle Bäume hier gepflanzt.

»Dort hinten habe ich als Junge Sport, meinen Hund, begraben«, sagte Grandpa und zeigte auf einen Baum, dessen Äste sich unter ihrer Last grüner Äpfel bogen. »Ein paar Katzen liegen auch hier. Esta mochte Katzen gern, bevor sie erwachsen und so pingelig mit ihrem Haushalt wurde. Deine Grandma hat mich hier auch einige ihrer Lieblingskatzen begraben lassen.«

»Und Reanna?« fragte Skye. »Hatte Reanna keine Tiere?«

»Nein«, erwiderte Grandpa. »Reanna hat sich nie was aus Tieren gemacht. Und auch nicht besonders viel aus sonstwas hier«, fügte er hinzu, als er losging, um eine Schaufel zu holen.

Es dauerte nicht lange, bis die ersten Autos eintrafen: Tante Estas großer Wagen voller Enkelkinder, und der Kombi, der Denise' und Codys Eltern gehörte. Cody saß am Steuer, sein Dad auf dem Beifahrersitz und der Rest der Familie mit Brad Rasmussen hinten. Tante Belvas Auto kam auch, und selbst das von Tante Vernell aus Preston, und alle waren vollbesetzt.

Die Tanten brachten Töpfe mit Essen und Kuchen und selbstgebackene Brötchen mit. Skye fragte sich kurz, wie sie es geschafft hatten, das ganze Essen in der kurzen Zeit, seitdem Sweetie sie angerufen hatte, hervorzuzaubern, aber dann fielen ihr die rappelvollen Gefrierschränke ein, die sie bei Tante Vernell zu Hause gesehen hatte. Offenbar waren die Tanten, genau wie die Pfadfinder, allzeit bereit.

Das Begräbnis war schön, und während der ganzen Zeit war Skye weiter wie betäubt. Jermer wuselte herum, schleppte einen Stuhl heran, damit sich Skye neben dem Grab hinsetzen konnte, sagte den Leuten, wo sie sich hinstellen sollten und fand eine alte Holzkiste, in die der kleine Sarg genau hineinpaßte, so daß kein Schmutz darankam.

Sweetie sang »*Will the Circle Be Unbroken?*«, worum Skye sie gebeten hatte. Jermer sagte ein paar Worte über das Katerchen; er erzählte einige der lustigen Sachen, die es in seinem kurzen Leben getan hatte, zum Beispiel, wie er sich mit den Krällchen an den Rand des Kartons gehängt hatte oder wie er sich gegen Tarzan behauptet hatte. Die Leute schmunzelten ein wenig, aber nicht zu sehr, denn schließlich war dies eine traurige Gelegenheit. Das Begräbnis endete damit, daß Sweetie »*Rock of Ages*« sang. Hoch und klar klang ihre Stimme durch den dämmerigen Obstgarten.

Grandpa mußte die Hofbeleuchtung einschalten, damit sie draußen auf dem Rasen essen konnten. Skye sah Denise und Lee Esther irgendwo weiter hinten am Rand des Lichtkegels, aber diesmal miauten sie nicht, obwohl Denise wie üblich mit Lee Esther tuschelte.

Aber zumindest konnten sie nicht sagen, daß Skye geweint hätte.

Brad Rasmussen kam zu ihr und sagte ihr, wie leid ihm das mit dem Katzenjungen tat. »Ich hoffe, du kommst in meine Klasse, wenn die Schule anfängt«, sagte er. Sein sommersprossiges Gesicht leuchtete so hell wie die Hofbeleuchtung, und er lief schnell zu Cody und boxte ihm gegen den Arm.

Skye konnte Codys Gesichtsausdruck nicht deuten. Bestimmt wußte er, daß sie ihn nur benutzt hatte, um das Auto wieder in Gang zu bekommen. Er hatte nicht viel zu ihr gesagt, aber er half Jermer dabei, das Grab zuzuschaufeln, als Sweeties Lied zu Ende war.

Während des ganzen Begräbnisses vergoß Skye keine einzige Träne. Nicht einmal dann, als jede Tante sie zum Abschied umarmte. Nicht einmal dann, als Lee Esther zu ihr kam und ihr um den Hals fiel und dabei kurz aufschluchzte, was Skye mehr fühlen als hören konnte. »Es tut mir wirklich leid wegen der Katze, Skye«, flüsterte sie. Als Denise ihr einen giftigen Blick zuwarf, blickte Lee Esther genauso giftig zurück.

Denise sagte gar nichts. Das hatte Skye auch nicht von ihr erwartet.

Keine einzige Träne vergoß sie, obwohl dies ein Abschied von all den Verwandten, nicht nur von dem Kätzchen, war. Sie würde nicht mehr hierher zurückkommen. Jemand würde ihr helfen, Reanna zu finden und Skye zu ihr bringen, jetzt nachdem sich erwiesen hatte, was für eine Verbrecherin sie war, und sie würde nie wieder zurückkehren.

Mit Grandpas Erlaubnis nahm Sweetie Skye mit zu sich nach Hause, damit sie dort schlafen konnte.

Skye erhob keine Einwände. Sie würde sowieso nicht schlafen können. Sie würde die ganze Nacht wach liegen und immer wieder diesen grauenvollen Moment erleben, den sie nicht mehr ungeschehen machen konnte. Sie wußte genau, daß sie die Szene immer und immer wieder vor sich sehen würde, was für eine Rolle spielte es also, wo sie war?

Sweetie zündete ein kleines Feuer in ihrem alten Holzherd an. Es tat gut, obwohl der Abend eigentlich warm genug war.

»Sollen wir ein paar Lieder singen?« schlug Sweetie vor und setzte sich auf ihren Orgelhocker. »Zu singen kann einen vergessen lassen, worüber man nicht nachdenken will.«

Jermer wollte ein Lied von einem Pferd, das nur auf drei Beinen lief, singen, also pumpte Sweetie Luft in die asthmatische Orgel, und Jermer sang mit seiner kratzigen Stimme alle Strophen des Liedes. Jede Strophe bestand immer nur aus dem einen Satz, und bei jeder Strophe wurde ein Wort weggelassen, so daß die letzte Strophe aus totalem Schweigen bestand.

Skye brachte ein kleines Lachen zustande, als das Lied zu Ende war, hauptsächlich weil Jermer es so lustig fand und sie ihm eine Freude machen wollte.

»Gibt es Lieder, die du gern singst, Skye?« fragte Sweetie.

Skye dachte an die Lieder, die Reanna ihr vorgesungen hatte: ›Sag mir, wo die Blumen sind‹, und eins, das Reanna von ihrer eigenen Mutter gelernt hatte und das von Kindern handelte, die sich im Wald verlaufen hatten.

Traurige Lieder.
Kannte Reanna nur traurige Lieder?
»Nein«, antwortete Skye. »Ich kenne keine Lieder, die ich gern singe.«
Sweetie stand auf. »Vielleicht sollten wir statt dessen einfach miteinander reden.« Sie machte Skye ein Zeichen, sich mit ihr auf den Schaukelstuhl für zwei auf dem Flickenteppich vor dem Holzherd zu setzen.
»Ich mache uns Popcorn«, sagte Jermer und nahm eine langstielige Pfanne von einem Haken hinter dem Herd. Er schüttete Maiskörner hinein und schüttelte die Pfanne so lange über dem Feuer hin und her, bis die Körner zu platzen begannen.
Weder Tante Esta noch Grandpa und nicht einmal Cody hatten Skye gefragt, was sie sich dabei gedacht hatte, einfach mit dem Kombi loszufahren, wie sie es versucht hatte. Sweetie fragte auch nicht, aber Skye hatte das Gefühl, es ihr erklären zu müssen.
»Ich wollte Reanna suchen«, sagte sie. »Ich kann nicht hierbleiben. Ich brauche meine Freiheit. Reanna sagt immer, Freiheit ist das allerwichtigste im Leben.«
Sweetie sagte nichts, sondern schaukelte nur vor und zurück, vor und zurück, und hielt Skye fest im Arm.
»Die Kätzchen«, fuhr Skye fort, »ich wollte sie nicht hierlassen. Ich habe Tante Esta versprochen, daß ich mich darum kümmern würde, sie unterzubringen, bevor ich von hier fortgehe. Aber ich mußte losfahren, und es gefiel ihnen nicht, im Auto zu sein. Ich wollte Reanna fragen, ob sie mich zurückbringt, um sie alle zu holen. Aber Oh ist mir nach draußen nachgekommen.«
Sweetie schaukelte schweigend.
»Glaubst du, Reanna hätte mich zurückgebracht, um die Katzen zu holen?« fragte Skye.

»Es wäre ganz schön schwierig, mit einer Ladung Katzen Motorrad zu fahren, Skye«, sagte Sweetie.

»Wir hätten eben den Kombi genommen«, beharrte Skye. »Reanna hätte das für mich getan, oder? Ich wollte die Katzen doch so gern behalten.«

»Ich weiß nicht«, erwiderte Sweetie. »Was meinst du denn, Schätzchen?«

Skye wollte nicht darüber nachdenken. Sie wollte glauben, daß Reanna alle Katzen mitgenommen hätte und sie glücklich bis ans Ende zusammen gereist wären. »Ich habe die Katzen so lieb«, sagte sie.

Sweetie schwieg.

»Es ist Reanna egal, was andere wollen.« Die Worte platzten aus Skye heraus, als müßten sie unbedingt gesagt werden.

»Skye«, sagte Sweetie. »Das ist nicht Reannas einzige Seite. Denk an ihre guten Seiten. Die Familie bedeutet ihr sehr viel. Immerhin ist sie eigens hergekommen, um hier zu heiraten, oder nicht?«

Auf einmal wollte Skye nur an Reannas schlechte Eigenschaften denken. Vielleicht deshalb, weil sie dann nicht über ihre eigenen schlimmen Seiten nachdenken mußte. »Ich muß Babe und Floyd und Twinkie mitnehmen, wenn ich weggehe.«

»Wieso mußt du überhaupt weggehen, Skye? Warum bleibst du nicht einfach hier bei uns? Du weißt doch, wie lieb wir dich alle haben. Bleib hier, bis Reanna und Bill fertig sind mit dem, was sie zu tun haben, und zurückkommen.«

Skye schüttelte den Kopf. Sie konnte nicht hierbleiben, wo sie der Anblick des alten Obstgartens jederzeit daran erinnern würde, was sie getan hatte. Aber selbst wenn sie wegging, würden die Wunden in ihrem Innern bleiben, so wie die Schrammen, die die Krallen des Pumas an den Bohlen von Sweeties Haus hinterlassen hatten.

»Das Popcorn ist fertig«, verkündete Jermer. Er reichte eine große Schüssel mit heißem, gebuttertem Popcorn herum.

Für ein Weilchen war außer Kauen in dem Raum nichts zu hören. Dann sagte Skye: »Das Begräbnis war wirklich schön. Ich kann gar nicht glauben, daß all die Verwandten nur wegen einer kleinen Katze gekommen sind.«

Sweetie lächelte. »Sie sind nicht wegen der Katze gekommen. Sie sind deinetwegen gekommen. So ist das eben, wenn man eine Familie hat.«

Skye schlief dann doch in der Nacht. Sie lag auf der Liege in Sweeties Küche und lauschte auf das Knistern des Feuers in dem alten Herd. Sie lauschte dem Schnurren des alten Mangler, der am Fußende ihrer Liege schlief. Sie lauschte dem Ächzen und Knarren des alten Hauses. Sie dachte an den Puma, der außen gekratzt hatte, und an all die Menschen, die hier in diesem kleinen Tal gelebt hatten und an all die Dinge, die geschehen waren. Bevor sie einschlief, fragte sie sich, ob einer dieser Menschen jemals so hirnrissig und dumm gewesen war wie sie.

Sie weinte erst, als sie am nächsten Morgen wieder in Grandpas Haus kam und Floyd und Twinkie in ihrem Karton schlafen sah. Sie schliefen in genau demselben felligen kleinen Knäuel wie immer, nur daß jetzt ein Teil des Knäuels fehlte.

Und alles nur ihretwegen.

Da fing sie an zu weinen. Sie weinte so sehr, während sie sich immer wieder vorhielt, was für ein dämlicher, nichtsnutziger Schafskopf sie war, daß Grandpa richtig besorgt wurde.

»Wenn ich nur wüßte, wie ich dir helfen kann, Sis«, sagte er und gab ihr das große blaue Taschentuch, das er immer in der Hosentasche hatte.

Ihn hatte sie auch gekränkt, das wußte sie, gekränkt, indem sie versucht hatte davonzulaufen, wie es Reanna in all den letzten Jahren immer getan und nur einen kleinen Zettel hinterlassen hatte.

Sie wußte, daß er den Zettel gelesen hatte, aber er hatte nichts dazu gesagt.

»Jeder macht mal Fehler«, versuchte er, sie zu trösten, als Skye immer weiter weinte. »Es gibt niemand, der sich noch keinen richtigen Bockmist geleistet hätte.«

»Aber bestimmt nicht so schlimm wie ich.« Sie putzte sich geräuschvoll die Nase mit dem großen Taschentuch. »Willst du denn gar nichts dazu sagen, daß ich versucht habe, mit Reannas Auto einfach wegzufahren?«

Grandpa nickte. »Doch, doch. Dazu kommen wir noch. Aber nicht, solange du dich noch so hundeelend fühlst.«

»Grandpa, hilf mir doch, Reanna zu finden«, sagte Skye. »Ich will, daß alles wieder wie früher ist. Jetzt gleich. Es sei denn, sie will mit einer totalen Niete wie mir auch nichts mehr zu tun haben. Fährst du mit mir, sie zu suchen, Grandpa?«

17

Grandpa stand da und sah sie lange an, bevor er antwortete: »Ich schätze, ich kann mit dir Reanna suchen fahren, wenn du sicher bist, daß du das wirklich willst.«

»Ich bin sicher«, erwiderte Skye.

Er nickte langsam. »Ich hatte gehofft, daß du dich hier einleben würdest, Sis. Ich wollte dir erlauben, alle Katzen zu behalten, wenn dich das glücklicher macht. Wir können sie nach Preston zum Tierarzt bringen und sie operieren lassen, so daß es keine weiteren Jungen mehr gibt. Dann kannst du sie alle behalten.«

»Mir gefällt es hier, Grandpa.« Das stimmte wirklich, und einen Augenblick lang überlegte Skye, ob sie bleiben sollte. Sie konnte sich bei Cody dafür entschuldigen, daß sie ihn so ausgenutzt hatte. Sie hoffte, daß sie dann wieder Freunde werden würden. Aber schließlich war da noch Denise, die wahrscheinlich niemals ihre Freundin werden würde, obwohl sie Cousinen waren.

Andererseits waren da noch Tante Esta, herrisch aber gerecht, und die anderen Tanten. Da waren Sweetie und Jermer. Und Grandpa. Und die Kätzchen. Selbst Brad Rasmussen, der ja vielleicht doch ein richtiger Tiger war.

»Ich muß frei sein, Grandpa«, sagte Skye. »So muß ich leben. Ich muß mit Reanna frei sein.«

Er holte tief Luft, dann atmete er hörbar wieder aus, so daß es wie ein Seufzer klang. »Na gut. Wir fahren los, sobald wir wissen, wo wir suchen müssen.«

Skye wollte ihm gerade erzählen, daß sie Reanna und Bill sehr wahrscheinlich in American Falls am Snake River finden würden. Aber er hielt eine Hand hoch. »Weißt du was?« sagte er. »Ich werde dich nicht einfach so gehen lassen, so miserabel, wie du dich jetzt fühlst.

Laß uns erst mal was frühstücken, und dann besuchen wir zusammen die einzigen Menschen, die nie Fehler machen.«

»Gehört Tante Esta auch dazu?«

Er lächelte. »Nein, Sis. Warte nur ab.«

Bevor sie sich auf den Weg machten, pflückte er einen Strauß Sommerblumen — Astern, Kosmeen und drei Stengel blauen Rittersporn. Er stellte den Strauß in einen alten Steingutkrug, den er Skye übergab, als sie in seinen alten, verbeulten Kleinlaster stiegen.

Tarzan kam auch mit; er saß vorne zwischen ihnen wie eine dritte Person. Er roch nach Scheune, aber er war warm und freute sich, mitfahren zu dürfen, und Skye war froh, daß er dabei war.

Sie fuhren die Landstraße entlang, zwischen den hohen Sonnenblumenhecken hindurch. Skye nahm an, daß sie immer an Sheep Creek denken würde, sobald sie den herben, üppigen Duft dieser Blumen wahrnehmen würde. Sie fuhren an Tante Estas Haus vorbei, und an Tante Belvas auch. Grandpa bog links ein, als sie bei der Kirche anlangten, und fuhr den Hügel dahinter zum Friedhof hoch.

Sie hätte sich denken können, daß er mit ihr zum Friedhof fahren würde. Wo sonst konnte es Menschen geben, die nie Fehler machten? Aber sie hatte bisher nie Grandpas witzige Seite kennengelernt, also war sie ziemlich überrascht.

Sie mußte ein wenig lachen, und das freute ihn.

»Ich dachte, vielleicht willst du deiner Grandma Abby noch einen Besuch abstatten, bevor du dich wieder aus dem Staub machst«, sagte er. »Ich bringe ihr gern einmal die Woche oder so ein paar von ihren Blumen vorbei.«

Sie stiegen alle aus dem Laster, und Tarzan nahm sofort die Fährte von irgendeinem Kleintier auf.

Grandpa nahm Skye die Blumen ab. »Hier drüben«, sagte er. »Hier liegt sie.« Er blieb unterwegs stehen und füllte den Steinkrug an einem Hahn am Weg mit Wasser.

Skye trat zu dem Grabstein, auf dem stand: *Abigail Smith Rallison*. Sie nahm einen Krug mit verwelkten Blumen weg, um Platz für den frischen Strauß zu machen, den Grandpa jetzt aufs Grab stellte. »Erzähl mir was über sie, Grandpa. Ich erinnere mich nicht mehr sehr gut an sie.«

Grandpa holte ein kleines Klappmesser aus der Hosentasche und hockte sich hin, um den Löwenzahn, der prächtig zwischen dem Gras auf dem Grab gedieh, auszubuddeln. »Sie war dir sehr ähnlich, Sis. Hübsches braunes Haar hatte sie. Blaue Augen. Sie war ein herzensguter Mensch. Mochte Katzen und Menschen. Klug war sie auch. Wie du.« Er wischte ein paar Erdkrümel von dem Grabstein. »Manchmal kann ich kaum glauben, daß sie nicht mehr da ist. Ich vermisse sie so furchtbar.«

Er war umgeben von seiner Einsamkeit, so schwer und grau, daß Skye sich abwenden und woanders hinsehen mußte. Ein paar Meter entfernt verbellte Tarzan einen Vogel, der ihn von einem Baum in der Nähe verspottete. Skye ging zu ihm und betrachtete die anderen Grabsteine.

»Sind das auch Verwandte von dir?« rief sie Grandpa zu, weniger deshalb, weil sie es wissen wollte, sondern mehr, um ihn von seinem Kummer abzulenken.

Er klappte sein Messer zu, stand auf und kam zu ihr. »Ja, und es sind auch deine Verwandten, Sis. Dort drüben liegt der kleine Sohn, den deine Grandma und ich hatten. Er ist an Hirnhautentzündung gestorben, kaum daß er laufen konnte. Und da liegen mein Dad, dieser sture Dickschädel, und meine Ma. Ich wünschte, du hättest ihr Biskuitgebäck probieren können. Und dort liegen die Eltern meines Dad und daneben der Bruder meines Großvaters, der im Ersten Weltkrieg gefallen ist.«

So wie er sprach, hätte man fast meinen können, er stellte sie Skye alle vor, diese Menschen, die auch einmal diese Täler und Hügel bewohnt hatten. Sie hatten das alte Haus hinterlassen, wo Grandpa jetzt lebte, ihre Bilder und ihre blauen Augen, die bei so vielen ihrer Kinder und Enkel und Urenkel wiederzufinden waren. Genau wie bei Skyes.

Während Grandpa redete, bekam Skye das Gefühl, daß seine Worte sie mit der Familie verbanden, so fest, wie Grandma Abby Skyes Ebenbild an der Quilt-Decke auf Grandpas Bett festgenäht hatte. Es machte ihr ein wenig angst, als könnte sie dadurch untrennbar mit diesem Ort verbunden werden. Aber hauptsächlich erweckte es in ihr dasselbe Gefühl, das sie im Laster gehabt hatte, als sie Tarzan so warm an ihrer Seite gespürt hatte.

Sie ging weiter und las die Namen auf den Grabsteinen. Auf einem stand der Name Golightly. Jermers Nachname.

»Grandpa«, fragte Skye, »ist Jermers Mutter hier irgendwo begraben?«

»Nein, Sis. Es liegen ein paar Verwandte von ihr hier, aber sie ist irgendwo in der Nähe des Snake River begraben, wo sie und ihr Mann gelebt haben, als Jermer geboren wurde.« Er blickte über das Tal hinaus. »Jermers Ma ist bei seiner Geburt gestorben. Sein Pa hat ihn das nie vergessen lassen. Hat ihm immer wieder erzählt, daß er seine Mutter ins Grab gebracht hat. Jermer war ganz schön kaputt, als Sweetie anbot, ihn zu sich zu nehmen.« Er bückte sich und zupfte ein Unkraut aus dem Boden. »Jetzt geht es ihm wieder gut. Sweetie ist eine Person, die einen mit ihrer Liebe allen Kummer vergessen lassen kann. Jermer ist zwar nicht mit ihr verwandt, aber sie kann jedem das Gefühl geben, zur Familie zu gehören.«

Skye erinnerte sich, wie Cody gesagt hatte, daß man nicht unbedingt blutsverwandt sein mußte, um zur Familie zu gehören. Allmählich verstand sie, was er damit gemeint hatte.

Grandpa griff nach Tarzan. »Ich schätze, wir fahren jetzt lieber wieder nach Hause. Geht's dir schon etwas besser?«

»Ja«, log sie.

Sehr viel anders als vorher fühlte sie sich nicht. Aber zumindest verstand sie jetzt ein wenig, weshalb Jermer dauernd an Gräber denken mußte. Sie verstand, wieso Geschehnisse ihre Spuren bei Menschen hinterlassen konnten, genauso wie der alte Puma diese Schrammen in den Bohlen an Sweeties Haus hinterlassen hatte.

Dreierlei erwartete Skye im Hof, als sie zurückkamen — Jermer und zwei schwarz-silberne Harley-Davidson-Motorräder.

18 Jermer winkte begeistert, sobald er Skye und Grandpa sah. »Skye«, schrie er, »rate mal, wer da ist! Reanna, und Bill auch!«

Reanna war zurückgekommen! Skye hatte es immer gewußt. Zwar hatte es länger gedauert, als Skye angenommen hatte, aber so war das nun mal mit Reannas dehnbaren Zeitbegriffen.

Skye sprang schon aus dem Laster, bevor er richtig zum Stehen gekommen war. »Reanna!« schrie sie aus vollem Hals.

»Sie sind im Haus«, erklärte Jermer. »Im Badezimmer und so.«

Skye rannte die Stufen hinauf und wäre fast mit Reanna zusammengestoßen, die gerade zur Tür hinauskam.

»Reanna.« Am liebsten hätte Skye sie gepackt und wäre mit ihr auf der Veranda herumgetanzt, war sich aber nicht sicher, ob Reanna das gefallen würde. »Ich wußte, daß du zu mir zurückkommst«, sagte sie.

Reanna breitete die Arme aus und drückte Skye kurz und heftig an sich, wie sie es immer tat. »Wie schön, dich zu sehen.« Sie hielt sie auf Armeslänge von sich weg. »Ich habe dich schrecklich vermißt. Wie ist es dir hier gegangen?«

»Schrecklich, Reanna. Ich habe was ganz Schlimmes getan.« Bevor Reanna überhaupt nachfragen konnte, erzählte ihr Skye schon, wie sie den kleinen Oh mit dem Kombi überfahren hatte.

Bill kam auch heraus, während sie noch erzählte. Er legte ihr einen Arm um die Schultern.

»Arme Blue Skye«, sagte er, als sie fertig war. »Das ist wirklich eine schlimme Sache.«

Reanna nickte zustimmend. »Das tut mir leid, Kleines. Aber sei deshalb nicht so traurig. Es war doch nur ein Katzenjunges.«

»Es war mehr als das, Reanna. Es war Oh. Jermer hat ihm diesen Namen gegeben. Er hatte ein Muster auf dem Rücken, das aussah, als hätte er eine Latzhose an, und sein kleines Gesicht war so witzig, daß man einfach darüber lachen mußte. Ich wünschte, du hättest ihn sehen können.«

»Ich auch, Skye.« Reannas Stimme nahm einen strengen Tonfall an. »Trotzdem wüßte ich gern, wie du dazu gekommen bist, allein mit dem Kombi loszufahren.«

»Ich wollte dich suchen«, antwortete Skye. »Ich kann nicht hierbleiben.«

Grandpa war inzwischen auch zur Veranda gekommen, und Skye tat es leid, daß er das mit anhören mußte.

»Ich meine«, sagte sie, »ich muß bei dir sein. Ich bin so froh, daß du zurückgekommen bist.«

»Skye, hör zu.« Reanna räusperte sich. »Wir hatten nicht vor, dich jetzt mitzunehmen. Wir wollten dich nur besuchen, bevor wir nach Nevada weiterfahren.«

Skye sah sie starr an. »Aber du *mußt* mich mitnehmen.«

Reanna seufzte. »Skye, wir haben einen Umweg von fast hundertfünfzig Kilometern gemacht, nur um dich zu sehen. Ich will mir jetzt keine Frechheiten anhören müssen.«

Skyes Herz fing an, schneller zu schlagen. Sie hatte das Gefühl, jetzt ganz schnell sprechen zu müssen, damit Reanna nicht entkommen konnte, bevor sie ihr überhaupt erklärt hatte, wie sie sich alles vorgestellt hatte.

»Wir können doch den Kombi nehmen, Reanna. Wir

fahren alle in dem Kombi, und ich kann Babe, Floyd und Twinkie mitnehmen. Das sind die Katzen, die noch übrig sind. Sie können hinten mitfahren, und ich setze mich auch nach hinten, damit sie nicht überall herumklettern, und bestimmt miauen und kratzen sie auch nicht, wenn ich so nah bei ihnen bin und sie beruhigen kann.«

Sie hielt inne, um Luft zu holen.

Reanna lächelte, als hätte Skye etwas Witziges gesagt. »Skye, Skye, was bist du für eine Träumerin. Wir können unmöglich mit Katzen herumreisen. Es würde ihnen überhaupt nicht gefallen, und uns auch nicht. Das weißt du.«

Skye sackte in sich zusammen.

Bills Arm lag immer noch um ihre Schultern. »Es ist verdammt hart, ein Kind zu sein und nie was zu sagen zu haben. Ich weiß noch gut, wie das war.« Er sah zu Reanna hinüber. »Blue Skye hat es ganz schön schwer gehabt.«

Er hielt inne. Er und Reanna sahen sich an und verständigten sich miteinander, obwohl kein Wort gewechselt wurde.

Skye traute sich kaum zu sprechen. »Bitte, laßt mich doch mitkommen«, flüsterte sie.

Nach einem Augenblick sagte Reanna: »Du hast mir wirklich sehr gefehlt, Skye.«

Skye wartete.

»Wir haben uns früher doch immer gut verstanden, oder, mein Schatz? Du hast doch nicht auf zuviel verzichten müssen, oder?«

Skye hielt die Luft an.

Reanna klatschte in die Hände. »Na gut, dann komm halt mit uns mit, Skye. Wir schicken dich zur Schule, sobald es möglich ist. Ich finde es ehrlich schön, dich dabeizuhaben.« Sie hielt kurz inne und fuhr dann fort: »Aber es wird keinen Kombi geben, und auch keine Katzen. Du kannst auf meinem Motorrad mitfahren. Hol deinen Seesack und laß uns losfahren.«

»Juhuuuh!« brüllte Skye, machte ein paar Luftsprünge auf der Veranda und lief dann zu den Motorrädern, um einen kleinen Freudentanz um sie herum aufzuführen. »Juhuuuh!«

»Jetzt sofort?« Grandpa hatte bis jetzt noch gar nichts gesagt. »Ihr wollt sie jetzt gleich mitnehmen? Ich dachte, ihr wolltet wenigstens eine Kleinigkeit essen, vielleicht auch über Nacht bleiben.«

Reanna schüttelte den Kopf. »Wir müssen weiter, Dad.« Sie und Bill gingen zu den Motorrädern. »Hol schon mal deine Sachen, Skye, während wir unser Gepäck ein wenig umschichten.«

»In einer Minute bin ich zurück.« Skye tänzelte die Stufen hinauf und blieb dann stehen, um Grandpa anzusehen. Diese graue Einsamkeit hielt ihn wieder umfangen. »Grandpa?« fragte sie. »Wirst du auch nicht traurig sein?«

Er schüttelte langsam den Kopf. »Keine Sorge, Sis. Fahr ruhig mit, wenn du dich dann wohler fühlst.«

Skye wollte ihn fragen, ob er sich um die Katzen kümmern würde, entschied sich dann aber dagegen. Es gab schon so vieles, um das er sich kümmern mußte. Vielleicht war es besser, wenn sie gar nichts sagte, wenn sie gar nicht wußte, was aus den Katzen wurde.

»Ich bin gleich wieder unten«, rief sie Reanna zu und rannte die Treppe hinauf. Sie hatte gar nicht bemerkt, daß Jermer ihr gefolgt war, bis sie ihn sagen hörte: »Ich komme mit dir mit, Skye.«

»Sei nicht albern, Jermer.« Sie schnappte sich ihre Jacke, ihre Karte der westlichen Staaten, ihren Kamm und ihre Zahnbürste und stopfte alles in ihren Seesack.

Jermer stand mitten im Zimmer. »Ich habe meinen Rucksack dabei mit meinen Eßsachen und allem. Ich kann sofort mitfahren. Bill kann mich ja bei sich mitfahren lassen.«

Skye gab ihm nicht mal eine Antwort. Für so was hatte sie jetzt keine Zeit. Sie zog ihren Seesack zu.

Jermer stellte sich ihr in den Weg, als sie sich zum Gehen wandte. »Nimm mich mit, Skye. Bitte.«

Sie blieb stehen und holte tief Luft. »Wieso willst du von hier fort? Du hast doch selber gesagt, daß du dich bei Sweetie wohlfühlst.«

»Das stimmt auch. Aber wenn du wegfährst, wird niemand mehr da sein, mit dem ich spielen kann. Und ich muß auch jemanden suchen, weißt du das nicht mehr? Meinen Dad muß ich finden, glaube ich, oder aber die Frau, die früher mal lieb zu mir gewesen ist.« Angestrengt verzog er das Gesicht, während er sich an etwas zu erinnern versuchte. Oder an jemanden.

Wieviel wußte er wohl noch von dem Vater, der so abscheuliche Sachen zu ihm gesagt hatte?

Aber war das vielleicht ihr Problem?

»Jermer, hör zu«, sagte Skye entschieden. »Es tut mir ehrlich leid, aber denk doch nur mal daran, was mit dem kleinen Oh passiert ist, als er versucht hat, mir zu folgen.« Sie hängte sich den Seesack über die Schulter und drängte sich behutsam an Jermer vorbei.

»Skye, geh nicht weg!« Er polterte hinter ihr her, als sie die Treppe hinunterging.

Skye hörte, daß er anfing zu weinen. Das hatte ihr gerade noch gefehlt.

»Skye«, bettelte er.
»Jermer, hör jetzt auf.«
Am Fuß der Treppe drehte sie sich um, um ihn anzusehen. Bevor sie ein Wort sagen konnte, hatte er ihr die Arme um die Taille geschlungen. Jetzt flennte er richtig.

Sie versuchte, sich aus seiner Umklammerung zu lösen, indem sie ein paar Schritte rückwärts machte, aber er stolperte ihr nach.

»Jermer.« Sie berührte sein Haar, das er – oder Sweetie – ordentlich gekämmt hatte, bevor er an diesem Morgen hergekommen war. »Jermer«, sagte sie noch mal. Ihre Hand strich über seinen Nacken und den Rucksack, den er über der Schulter trug. »Ich muß jetzt los«, sagte sie sanft.

Jermer rieb sein Gesicht an ihrem Hemd, und sie war sicher, daß er sie ganz vollschnodderte, weil ihm von seinem Geflenne die Nase lief.

»Wenn du mitfahren kannst, warum kann ich dann nicht auch mitkommen?« Seine Stimme klang undeutlich und gedämpft, weil er das Gesicht immer noch in ihrem Hemd vergraben hatte.

»Darum«, antwortete Skye.

Sie hörte, wie er einen Schluchzer unterdrückte. »Was darum?«

»Weil du nicht einfach irgendwo herumfahren kannst, um etwas zu suchen, wenn du nicht mal genau weißt, was das überhaupt ist.« Sie hörte, wie draußen die Motorräder angelassen wurden. »Und weil es gut ist, wenn man ein Zuhause hat.« Sie hielt inne und sah ihm ins Gesicht. »Weil es hier jede Menge Leute gibt, die dich liebhaben, und darüber kannst du unheimlich froh sein, Jermer.«

Die zwei Kätzchen jagten sich gegenseitig zwischen

den Tischbeinen. Durch die offene Tür sah Skye Grandpa mit hängenden Schultern auf der Veranda stehen. Grandpa, der gern wollte, daß sie blieb, der aber gesagt hatte, daß sie ruhig fahren sollte, wenn sie sich dann wohler fühlte.

»Du kannst nicht mitkommen, Jermer, weil ... weil ...« Ihr fielen keine weiteren Gründe ein.

Bis auf einen. »Du kannst nicht mitkommen wegen all der weichen, lieben Wesen, die dich hier brauchen.«

Jetzt wurde ihr klar, daß sie mehr zu sich selbst als zu Jermer gesprochen hatte. Trafen nicht all diese Gründe, die sie jetzt nannte, inzwischen auch für sie zu?

Da war so vieles, was sie zurücklassen würde.

Und wenn sie nun hierblieb? Was würde sie schon verpassen? Mit Reanna auf dem Motorrad herumzufahren? Wohin brachte sie das schon, außer an immer wieder neue Orte, die sich selten sonderlich von den vorherigen unterschieden?

Was noch? Die schmierigen Motel-Zimmer? Die verräucherten Zeltplätze? Und was war mit ihrer Freiheit? Würde sie es nicht vermissen, frei zu sein?

Aber was genau bedeutete Freiheit eigentlich? Vielleicht bedeutete Freiheit ja auch, seine eigene Wahl treffen zu können.

»Skye!« rief Reanna. »Wir fahren los. Beeil dich!«

Das erinnerte Skye an einen anderen Tag vor ein paar Wochen, als Reanna ihr fast genau dasselbe zugerufen hatte.

An dem Tag war Skye auch die Treppe heruntergekommen mit ihrem Seesack über der Schulter.

Damals hatte sie keine Wahl treffen können.

Sie setzte den Seesack ab. Dann faßte sie Jermer bei der Hand und zog ihn mit sich, während sie langsam auf die Veranda hinaustrat und sich neben Grandpa stellte.

»Reanna«, begann sie, dann hielt sie inne, um erst mal zu schlucken, bevor sie weitersprach. »Reanna, ich habe mir überlegt, ob ich nicht vielleicht doch lieber hierbleibe.«

»Mach jetzt keinen Quatsch, Skye«, erwiderte Reanna. »Steig auf und laß uns losfahren.« Sie machte eine Geste zu dem Motorradsitz hinter sich.

Jermers Hand schloß sich fester um Skyes. Mit der anderen Hand wischte er sich über die Nase.

»Ich will doch nicht mitkommen.« Es überraschte Skye, sich das sagen zu hören.

Reanna stieß einen ungeduldigen Seufzer aus. »So, und was sollte dann das ganze Theater und Gejammer, daß du mit uns mitkommen wolltest?« Ihre Augen wurden schmal. »Willst du mir etwa Schuldgefühle einreden?«

»Reanna.« Bill streckte den Arm aus und legte ihr die Hand auf den Arm.

Sie schüttelte sie ab. »Ich bin müde, Skye. Ich habe keine Lust auf die Schau, die du hier abziehst. Du hast gesagt, du wolltest mitkommen, und ich habe gesagt, es ist in Ordnung. Also laß uns jetzt losfahren.«

Skye straffte die Schultern. »Du hast selber immer gesagt, wenn wir einen Ort finden würden, wo es uns richtig gut gefällt, würden wir dableiben.«

Reanna nickte. »Ja, das habe ich gesagt. Aber ich habe diesen Ort noch nicht gefunden.«

»Aber ich«, erwiderte Skye.

Reannas Gesicht wurde rot. »Skye, ich bin deine Mutter. Du wirst tun, was ich dir sage.«

»Ich habe immer getan, was du gesagt hast.« Skye

versuchte, ganz ruhig zu sprechen. »Ich bin mit dir überallhin gegangen, wohin du wolltest. Es hat mir gefallen. Aber jetzt will ich lieber hierbleiben. Du hast selber gesagt, es würde mir gefallen, zur Familie zu gehören, ich müßte es nur mal versuchen.«

»Du widersetzt dich mir, Skye.«

»Nein«, sagte Bill. »Sie wird nur langsam älter.«

Reanna fuhr zu ihm herum. »Du hältst dich da raus. Skye, zum letzten Mal. Steig jetzt hier auf.«

»Nein.«

Reanna machte den Mund auf, schloß ihn dann aber wieder. Sie ließ den Motor ihrer Maschine aufheulen.

Skye entzog behutsam Jermer ihre Hand. Langsam ging sie zu Reanna hinüber.

»Das ist schon besser«, sagte Reanna. »Und jetzt steig auf.«

»Skye.« Jermers Stimme war ein einziges Flehen.

Skye schlang die Arme um Reanna. Ein ganz besonderer Duft hing ihr an, nach frischer Luft und Wald mit einer Spur Rauch dabei, wie der zarte Geruch eines Lagerfeuers.

»Auf Wiedersehen«, sagte sie. »Ich habe dich lieb, Reanna. Aber ich werde zu Hause bleiben.«

Sie fragte sich, was Reanna jetzt tun würde. Normalerweise zog Reanna es vor, diejenige zu sein, die sagte, was passierte und was nicht.

Einen langen Moment saß sie stocksteif da. Dann seufzte sie. »Na gut. Dann bin ich jetzt also abgemeldet.« Sie küßte Skye sanft auf die Wange, etwas, was sie noch nie getan hatte, soweit Skye sich erinnern konnte. »Ich komme wieder, Skye. Bald.«

Bald. Schon wieder so ein dehnbarer Begriff.

Reanna ließ ihre Harley anrollen.

»Auf Wiedersehen«, sagte Skye noch mal. »Wiedersehen, Bill.« Sie war ziemlich sicher, daß es lange, lange dauern würde, bis sie die beiden wiedersehen würde.

Dann waren sie fort und röhrten die Straße hinunter auf die bläulichen Hügel zu, die Sheep Creek vom Rest der Welt trennten.

Skye und Grandpa und Jermer blieben auf der Veranda stehen, bis das Motorengeräusch verklungen war. Skye kramte in ihrem Seesack und zog ihre zerfledderte Karte der westlichen Staaten hervor.

»Jermer«, sagte sie. »Das hier brauche ich jetzt nicht mehr. Würdest du gern ein Begräbnis hierfür machen?«

Jermers Gesicht leuchtete auf. »Das würde ich gern tun. Ich habe auch was, was ich nicht mehr brauche.«

Er langte in seinen Rucksack und brachte drei bunt bemalte Eier zum Vorschein, ein violettes, ein grünes und ein gelbes.

Skye nahm sie ihm ab, überrascht, wie leicht sie sich anfühlten. »Wie lange hast du die denn schon in deinem Rucksack?«

»Seit Ostern«, antwortete Jermer. »Aber nicht von diesem Jahr. Seit Ostern vom letzten Jahr. Das war, als ich zu Sweetie gezogen bin.«

Skye fing Grandpas Blick auf, und sie beide lächelten.

»Jermer, laß uns alle zu dir gehen und nachhören, ob Sweetie zu dem Begräbnis kommen will. Danach können wir vier hierher zurückkommen, und ich mache uns Hurra-Hamburger zu Mittag.«

Sie wußte, daß Grandpa Hackfleisch im Kühlschrank hatte, und sie hatte auch Sesambrötchen gesehen, da, wo Tante Esta immer wieder die Packungen mit den Getreideflocken verstaute. Hurra-Hamburger erhielt man, indem man fast eine ganze Flasche Ketchup darüberkippte und einen Klecks scharfen Senf obenauf setzte.

»Was hältst du davon, Grandpa?« fragte sie.

»Ich finde, das hört sich mächtig gut an.« Er scharrte mit den Füßen. »Ich bin richtig froh, daß du bleibst, Skye.«

Es war das erste Mal, daß er sie Skye genannt hatte. Sie erinnerte sich, wie er einmal gesagt hatte, daß es nicht gut war, einem Lebewesen, das man nicht behalten konnte, einen Namen zu geben.

Sie war froh, daß sie die Idee gehabt hatte, Hurra-Hamburger zu machen. Dies war ein Tag, der es verdiente, mit etwas wirklich Außergewöhnlichem gefeiert zu werden.

ENDE

Band 18 213
Lael Littke

In Liebe, Mom
**Deutsche
Erstveröffentlichung**

Skye, Liebes, Bill und ich werden ein Jahr lang unterwegs sein – wir werden mit unseren Maschinen von Ort zu Ort fahren, und du siehst doch ein, daß wir dich nicht dabei mitnehmen können. Aber es wird dir bei Großvater gefallen. Mach dir eine schöne Zeit, Kleines! *In Liebe, Mom*

Als Reanna ihre Tochter zurückließ, hatte sie nicht einmal den Mut, ihr das persönlich zu sagen – sie ging einfach auf und davon und ließ Skye nur diesen Brief zurück.
Skye ist verzweifelt. Sie begreift nichts, nur daß ihre Mutter sie nicht mehr haben will. Sie muß noch einmal mit ihrer Mutter reden, muß sie überzeugen, daß sie sie doch mitnimmt. Aber dazu muß sie sie erst einmal finden – und deshalb faßt sie einen gefährlichen Plan . . .

Sie erhalten diesen Band
im Buchhandel, bei Ihrem
Zeitschriftenhändler sowie
im Bahnhofsbuchhandel.

Band 18 205
Caroline B. Cooney
Janie, seit zehn Jahren vermißt
Deutsche Erstveröffentlichung

Es ist purer Zufall, daß Janie in der Lunchpause die leere Milchtüte auf dem Tisch liegen sieht. Und es ist auch Zufall, daß sie die Vermißtenanzeige entdeckt, die auf der Rückseite abgedruckt ist. Als Janie dann genauer hinschaut, wird sie urplötzlich totenblaß. Denn das Foto zeigt ihr eigenes Gesicht, ihr Gesicht, als sie noch ein Kind war. Und darunter steht: Vermißt seit zehn Jahren ...

Sie erhalten diesen Band im Buchhandel, bei Ihrem Zeitschriftenhändler sowie im Bahnhofsbuchhandel.

Band 18 211
Carolin B. Cooney
Janie lebt!
Deutsche
Erstveröffentlichung

Zwölf Jahre wußten Janies Eltern nicht, was mit ihrer Tochter passiert war. Lebte sie noch? War sie tot? Was hatte man ihr Entsetzliches angetan? Zwölf Jahre, in denen die Angst die Springs nie losgelassen hatte, in denen ihr ganzes Leben von Ungewißheit geprägt worden war.
Dann kam jener Anruf – Janie lebt!
Und während die Springs gelitten hatten, wie nur Eltern leiden können, deren Kind einfach verschwindet, hatte Janie das schönste Leben geführt: verwöhnt, umsorgt, verhätschelt.
Wieder durchleben die Springs die ganze Skala der Gefühle: Wut, Ärger, Enttäuschung, Erleichterung, Liebe. Sie wollen ihr Kind zurück. Doch Janie will nicht bei ihren richtigen Eltern leben . . .

Sie erhalten diesen Band im Buchhandel, bei Ihrem Zeitschriftenhändler sowie im Bahnhofsbuchhandel.

Band 13 527
Eileen Goudge
Dreimal Vergangenheit und zurück
Deutsche Erstveröffentlichung

Nicht umsonst hat Ashley ihren Computer ›Merlin‹ genannt, denn was er zustande bringt, grenzt wirklich an Zauberei: Merlin kann jede beliebige Person auf Zeitreise schicken – und drei von Ashleys Freundinnen wagen den Sprung in die Vergangenheit!

● Kiki kann sich endlich ihren größten Traum erfüllen: Sie wird ein Filmstar – allerdings im Hollywood von 1939.

● Charmaine hat's da schon schwieriger: Eigentlich wollte sie nur ein Rezept für einen Liebestrank finden – doch als sie 1686 in Connecticut auftaucht, hält man sie für eine Hexe.

● Und Ramona? Auch sie gerät in eine heikle Situation, denn das abenteuerlustige Mädchen wollte schon immer mal einen echten Piraten kennenlernen . . .

Sie erhalten diesen Band im Buchhandel, bei Ihrem Zeitschriftenhändler sowie im Bahnhofsbuchhandel.